塾の先生が教える
13歳からの学力が伸びる子の習慣

七堂课

养出自律好学的孩子

日本佐鸣补习学校 著　刘莉 译

JUKU NO SENSEI GA OSHIERU 13SAI KARA NO GAKURYOKU GA NOBIRU KO NO SHUKAN

© 2015 Sanaru

First published in Japan in 2015 by KADOKAWA CORPORATION, Tokyo. Simplified Chinese translation rights arranged with KADOKAWA CORPORATION, Tokyo through BARDON-CHINESE MEDIA AGENCY.

北京市版权局著作权合同登记　图字：01-2019-4517号。

图书在版编目（CIP）数据

七堂课，养出自律好学的孩子／日本佐鸣补习学校著；刘莉译. —北京：机械工业出版社，2020.8
ISBN 978-7-111-65066-9

Ⅰ.①七… Ⅱ.①日…②刘… Ⅲ.①自律-儿童教育-家庭教育 Ⅳ.①G782

中国版本图书馆CIP数据核字（2020）第041357号

机械工业出版社（北京市百万庄大街22号　邮政编码100037）
策划编辑：刘文蕾　刘春晨　　责任编辑：刘文蕾　刘春晨
责任校对：赵　燕　　　　　　责任印制：李　昂
北京机工印刷厂印刷
2020年9月第1版·第1次印刷
165mm×235mm·13.25印张·170千字
标准书号：ISBN 978-7-111-65066-9
定价：49.80元

电话服务　　　　　　　　　网络服务
客服电话：010-88361066　　机　工　官　网：www.cmpbook.com
　　　　　010-88379833　　机　工　官　博：weibo.com/cmp1952
　　　　　010-68326294　　金　书　网：www.golden-book.com
封底无防伪标均为盗版　　　机工教育服务网：www.cmpedu.com

前　言

"孩子跟不上学校或补习班的功课怎么办？"

"孩子每天在家磨磨蹭蹭的，这样能行吗？"

"孩子可能是进入青春期了，我真的不知道他每天都在想什么……"

这些都是孩子的父母向我咨询时提出的问题。我想读者中可能也有很多人被同样的烦恼所困扰吧。父母对孩子总是有操不完的心，但孩子却露出一副不以为然的表情……父母和孩子的关系过去是这样，将来也许还是这样。

说起来很惭愧，我也是为人父母后才体会到父母的辛劳，才真正懂得感恩。日语中的"親"字拆开来看就是"站在木头上看"，这不是对文字本身的知识性解读，而是一种形象的切身感受。

我在补习学校担任教师已有二十余年，接触了一万余名学生和他们的家庭。在此期间，我强烈地感受到父母与孩子之间的关系发生了戏剧性的变化。虽然这样说有些夸张，但是随着时代的变化、社会的发展，亲子关系的确经历着巨大的变化。从"父母的权威应凌驾于孩子之上"向"父母是孩子的知心朋友"转变，从"孩子应受教于父母的师徒关系"向"无论什么都能相互理解的朋友关系"转变。总之，在现代社会，曾经从父母那里接受的教育已经不再适用于教育自己的孩子了。

一方面，现代社会信息泛滥是一个不容忽视的问题。各类书籍就不必说了，电视、网络等各类信息更是层出不穷。"批评式教育已经落伍了，表扬很重要""批评也是必要的，一味的表扬容易骄纵孩子，使其一事无成"，教育孩子没有绝对正确的法则，很多看法都是相反的，以致父母在教育孩子的时候不知如何是好。虽说具体问题要具体分析，但是父母在教育孩子的问题上总有无尽的烦恼。

另一方面，这二十多年来也有一些东西没有改变，那就是孩子的本性。"孩子不再在外面玩耍，而是闷在家里打游戏""孩子只知道用手机发短信，不像以前那么爱讲话了"，过去孩子表现出来的天真朴实的一面，现在的确不容易看到了，但这只是适应时代变化而产生的一种表象而已。我每天会接触很多中小学生，能感受到孩子的本性其实并没有发生变化。他们最真实的样子就是**以自我为中心，尽量寻求舒适，追求快乐**。

很多父母都容易陷入这样的胡思乱想："是不是只有我家的孩子磨磨蹭蹭的？""是不是只有我家的孩子这么不听话？""别人家的孩子都比我家的孩子用功吧？"但是，绝大多数孩子都有着前面提到的孩子的特性，因此孩子们每天的生活基本都是相似的。

"以自我为中心考虑问题，就无法与他人建立合作关系""如果不努力就不会拥有满意的人生"，这些对大人来说是理所当然的现实，但是孩子却不明白。也正因为不明白，所以才是孩子。因此，大人有必要对孩子的不良行为习惯进行纠正（教育）。所谓教育孩子，就是将孩子培养成对社会有用的人。考出好的成绩、考入名校都只是培养孩子的中间过程，并不是教育的最终目标。

因此，本书并不是介绍如何让孩子取得好成绩，而是让父母认识到，**教育孩子就是将孩子培养成对社会有用的人才**。本书汇集了很多经验丰富的教师的观点，他们每年接触很多学生和家庭，在教育方面深有体会。

受这些观点的启发,读者在思考"对自己的孩子来说,对自己的家庭来说,什么样的教育才是最理想的"这个问题时,如果有所收获,那么我将深感荣幸。

日本佐鸣补习学校 山田敦范

目 录

前 言

习惯确认清单

第一章 利于孩子身心健康成长的好习惯

01_ 培养身心健康的孩子，父母应该怎样做 // 003

02_ 利用学校的规则 // 011

03_ 家庭的力量使孩子的内心变得强大 // 019

专栏：经常让孩子思考怎样做能使效率更高 // 027

第二章 培养上课认真听讲的孩子

01_ 听课态度好坏具体指什么 // 031

02_ 听课态度影响学习成绩 // 036

03_ 笔记预示未来 // 039

专栏：和最前排的学生相比，最后一排的学生，老师看得更清楚 // 049

第三章　如何让孩子在家也能认真学习

01_ 良好的生活习惯决定学习质量 // 053

02_ 在规定的时间坐在书桌前 // 057

03_ 主动学习很重要 // 060

04_ 摆脱心不在焉的学习状态 // 063

05_ 导致孩子失去学习动力的话语 // 072

06_ 巧妙的讲话方式可以激发孩子的学习动力 // 074

07_ 调动孩子的学习积极性 // 080

08_ 怀着对未来的憧憬主动学习 // 084

专栏：成绩好的孩子，父母到底该不该表扬 // 089

第四章　避免孩子沉溺于手机和电视的方法

01_ 保护孩子，避免手机中毒 // 093

02_ 制订合理使用手机的规则 // 100

03_ 沉溺于网络容易失去交流能力 // 103

04_ 培养不沉迷于电视的孩子 // 106

05_ 如何在信息泛滥的时代中生存 // 108

专栏：升学考试的倾向——信息处理能力决定一切 // 112

第五章　引导孩子走向自立

01_ 代替孩子"捕鱼"的父母 // 117

02_ 触动孩子心灵的表达方式 // 118

03_ 逃避责任的亲子关系 // 123

04_ 培养跌倒了能再站起来的孩子 // 128

05_ 培养孩子思想走向成熟的品格教育 // 134

第六章　激发孩子面对考试不服输的劲头

01_ 为了达到目标学校的要求而改变自己 // 141

02_ 希望通过考试养成的学习习惯和思维方式 // 145

03_ 考试只是前进路上的一个通过点 // 159

04_ 迎战"高一分化"——为高中阶段的"5 变"做好准备 // 164

第七章　培养孩子自主选择职业的能力

01_ 让孩子自主选择将来想要从事的职业 // 177

02_ 不想让孩子长大的父母，不想长大的孩子 // 184

03_ 改变视角，亲子关系就会变得和谐美满 // 192

附　录　让孩子充满动力的讲话方式以及失去动力的讲话方式 // 195

习惯确认清单

第一章 利于孩子身心健康成长的好习惯

★检验孩子的自立程度
- 能做到的请画√
- □ 早晨自己起床（可以使用闹钟）
- □ 姿势端正
- □ 听别人讲话时目光正视对方
- □ 用完东西后归位
- □ 在固定的时间学习
- □ 提前做好第二天上学的准备
- □ 在规定的时间内看电视、玩游戏，并严格遵守
- □ 在家里承担部分家务
- □ 每天吃早饭

→做到的项目越多，孩子越自立！

★检验父母对孩子是否溺爱
- 符合情况的请画√
- □ 孩子遇到问题，父母经常帮忙解决
- □ 不让孩子做家务
- □ 孩子做事时，父母总是插手帮忙
- □ 给孩子过多的零花钱
- □ 为了不让孩子遇到困难，父母提前把一切安排好

→符合3项以上的父母需要注意！

★检验家庭内部的交流沟通是否存在问题
- 符合情况的请画√
- □ 总是盯着孩子的缺点
- □ 经常打断孩子讲话，没有耐心听到最后
- □ 经常使用"不怎样做不行"等否定表达

- ☐ 总命令孩子"快点做"
- ☐ 经常威胁孩子"如果不怎样做，就不许做什么"

　　→即使符合1项，也有必要改善！

★检验孩子听课的状态
- ● 符合情况的请画√
- ☐ 坐姿端正
- ☐ 不摆弄笔
- ☐ 喜欢坐在前排
- ☐ 桌面及周围整齐干净
- ☐ 不总掉落书写用具（铅笔等）
- ☐ 对课程的进度心中有数
- ☐ 经常与老师目光相交
- ☐ 课前做好上课准备

　　→符合的项目越多，证明听课时注意力越集中！

★检验笔记本是否实用
- ● 符合情况的请画√
- ☐ 记笔记时使用5种颜色以上的笔
- ☐ 过于追求整齐美观
- ☐ 完全照抄板书
- ☐ 经常使用橡皮

　　→最好都不符合，因为都是无用功！

第二章
培养上课认真
听讲的孩子

第三章
如何让孩子在家也能认真学习

★ 检验孩子在家学习的习惯
- 符合情况的请画√
- ☐ 学习时间不固定
- ☐ 考试前不制订学习计划，或不能执行
- ☐ 学习时间长但没有效果
- ☐ 不能长时间集中精力学习
- ☐ 害怕吃苦
- ☐ 认为名次无关紧要
- ☐ 每门科目的练习册都在三本以上
- ☐ 最后统一检查作业
- ☐ 把正确答案用红笔写在答题栏内
- ☐ 看完讲解后仍有很多地方不明白

→符合项目多的孩子，有必要改正在家学习的不良习惯！

★ 检验家庭学习环境
- 符合情况的请画√
- ☐ 不总对孩子说"快点学习吧"
- ☐ 不把孩子与别人做比较
- ☐ 发现孩子的优点一定表扬
- ☐ 觉得有问题的地方不会置之不理
- ☐ 思考希望孩子长大后成为什么样的人
- ☐ 有时会跟孩子讨论将来
- ☐ 跟孩子谈论社会问题

→符合的项目越多，家庭学习环境越好！

★检验孩子对电子产品的依赖程度

● 符合情况的请画√
☐ 只看想看的电视节目
☐ 制订并遵守使用手机的规则
☐ 玩游戏（手机）有时间限制
　→符合的项目越多，使用电子产品越理智！

★检验亲子关系的成熟度

● 符合情况的请画√
☐ 像朋友一样的亲子关系
☐ 一切凭孩子自主，父母什么也不说
☐ 尽量避免孩子失败
☐ 不想让孩子太辛苦
☐ 孩子从不反抗父母，听话
☐ 从不在孩子面前唠唠叨叨
☐ 认为结果比什么都重要
☐ 经常详细地向孩子做指示
☐ 认为尊重孩子的个性和权利比什么都重要
　→符合的项目越多，父母和孩子在某方面不成
　　熟的可能性越大！

第四章
避免孩子沉溺于手机和电视的方法

第五章
引导孩子走向自立

**第六章
激发孩子面对考试不服输的劲头**

★检验孩子能否在考试中取得成功
- 符合情况的请画√
- □ 不打算改变报考学校
- □ 了解自己的错误倾向
- □ 进行输出式学习
- □ 有竞争对手
- □ 希望通过考试锻炼自己
- □ 能想象出成为高中生的自己是什么样的

→备考时尽量让孩子多符合以上情况！

**第七章
培养孩子自主选择职业的能力**

★检验孩子能否发现自己想做的事情
- 符合情况的请画√
- □ 不想长大成人
- □ 父母和孩子都没有专心投入的事情可做
- □ 父母不跟孩子谈论自己的工作
- □ 父母和孩子不交流职业选择方面的问题

→符合项目越多的家庭越需要注意！

＊本书中的调查是以佐鸣补习学校的学生为对象展开的，调查结果根据收集的数据整理而成。有些地方可能与一般中学生的普遍倾向有所不同，在此希望各位读者了解。

第一章

利于孩子身心健康成长的好习惯

作者：多多良早苗

毕业于奈良女子大学文学部。知识广博，对入学考试的分析缜密透彻，所授课程得到学生的广泛赞誉，很多学生都说："原来不知道应该怎样学国语，现在很多问题都迎刃而解了。"擅长写作，具备扎实的文字功底，现就职于学校宣传部门。育有一子。

01_
培养身心健康的孩子，父母应该怎样做

挺直脊背有利于身心健康发展

日语中有这样一个字——"躾"，拆开写就是"身"和"美"。"躾"是教育、教养的意思。显而易见，此处的"美"不仅指装饰外表，还包括美化心灵。

每次召开家长会或者和家长面谈，我都会强调"如果想让孩子的成绩有所提高，首先请关注孩子坐在书桌前学习的姿势"。对准备参加初中入学考试的孩子，我们在授课时首先关注的就是握笔方法，这样做也是要求孩子在学习时要保持正确的姿势。

当然，并不是说姿势不正确，就会立刻对学习成绩产生不良影响。但是，回顾我曾经教过的学生，总体来说，学习姿势好的孩子，学习成绩也名列前茅，这种情况是非常普遍的。通常刚接手一个新的班级，我只需看学生的学习姿势，就能大概猜出他的成绩如何。

☆ 如何保持正确的姿势

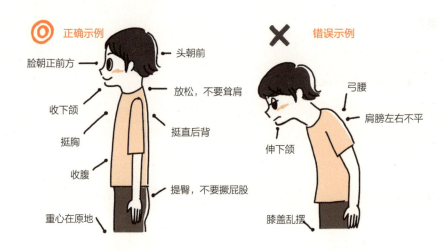

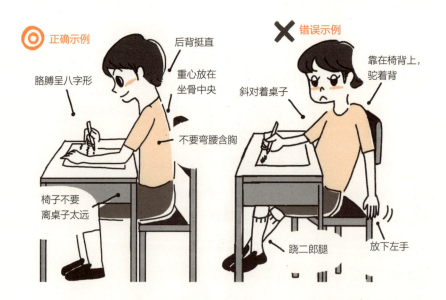

近年来，社会上有很多针对成人走路减肥、矫正驼背的项目，这些项目一经推出就很受欢迎，甚至出现了头衔上写着"姿势顾问"的人，

他们的工作就是提高个人商务形象。

要想在学习和工作中取得成绩，就必须要集中精力、专心致志。如果不能保证正确的姿势，身体就要承受不必要的负荷，会对健康不利。当然，姿势不端正也不可能给别人留下好印象。

有这样一句话说："孩子看着父母的背影长大。"在日常生活中，孩子会无意识地从父母那里学习默认的规则。此时此刻，正在读这本书的父母，你们的背影对孩子就是一种教育。怎么样，后背稍稍挺直了一些吧？

处于青春期的孩子，对父母的言行举止非常敏感。父母首先要身体力行，然后告诉孩子为什么要这样做，孩子才能信服，并开始按父母的要求去做。即使在家里很少说话的孩子，也一定会受到父母言行举止的影响。请各位父母挺胸抬头，用自己的行为亲自为孩子做好表率，引导他们身心健康地成长。

每天有规律地生活——问候、吃饭、整理

要想生活有规律，最重要的是一日三餐的时间要固定。这正是父母能够大显身手的地方。人的大脑在工作时会消耗大量的葡萄糖，因此为保证大脑能够正常运作，规律的饮食是必不可少的。

值得庆幸的是，根据调查结果显示，在我们学校上课的学生，90%都是吃完早餐后来上课的。很多地区的学校社团安排在早晨进行训练，学生早晨通常在家吃过早餐后，拿着妈妈准备好的午餐7:30从家准时出发去学校。可以想象，孩子的母亲有多辛苦，对她们为孩子的付出，我深表敬意。

随着学年的增长，学习内容的难度逐渐增大，知识量也会明显增加。不仅如此，担任社团活动、各种组委会以及其他活动组织者的学生，还

有很多工作需要做。于是，一直孜孜不倦努力学习的孩子，就会产生一种焦虑感。他们想要把所有的事情都做好，可是生活节奏却经常被打乱。例如，考试前一天需要学习到很晚，或者思考问题告一段落后才发现吃饭的时间已经错过，如此种种，疲劳感与日俱增。他们长时间地学习，但成绩却没有提高，多数是这种原因引起的。

不吃早餐的5大理由

1. 起床晚，没时间吃
2. 没有食欲
3. 家人也不怎么吃早餐
4. 不想长胖
5. 家里没准备早餐

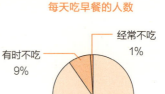

每天吃早餐的人数

经常不吃 1%
有时不吃 9%
每天都吃 90%

另外，我发现还有一种倾向是不擅长打招呼或者整理的孩子，成绩整体提高得比较缓慢。不擅长打招呼的孩子说话声音都很小，说话时不敢看对方的眼睛。不擅长整理的孩子，半年前模拟考试的成绩单、复习资料都还零零散散地堆在书包里。这样的孩子通常课桌也很乱，铅笔、复习资料经常掉在地上。

在心理学中，有一个领域叫作认知心理学，专门对人的心理活动特别是智力活动进行试验并展开分析。在认知心理学中，非常重视"元（meta）认知能力"，即客观地监控自己的思维模式、认知模式的能力。"meta"的意思是"上面""超越"的意思，也就是从一个更高的层面审视自己，俯瞰自己。

为了让学习和社团活动协调并进，除了完成现在应该做的事情，还要提高一个层面，对接下来应该做的事情进行预测，这种"元认知能力"非常重要。

关于这一点，有过育儿经验的妈妈可能深有体会，因为她们已经磨炼出了很好的元认知能力。在孩子很小的时候，妈妈要一边哄孩子睡觉一边绞尽脑汁地想，孩子睡着以后，应该做些什么。因此，应该首先由母亲承担起对孩子进行监督的职责，最好能为孩子提供一个可以集中精力学习、利于养成规律作息的生活环境。

调动孩子的三条原则

使用应用行为分析理论对自闭症儿童进行心理疏导的过程中，新闻工作者东条健一指出，人类的行为只要遵守三条原则，情况就会朝好的方向转变。这三条原则是：

①明确指示

②避免失败

③立即强化

第①条"明确指示"，指的是讲话时声音要大，要看着对方的眼睛，表情明朗且语速适中、语义明确。这正是我们每天在教学实践中所执行的。我们在培训新教师时，有一项就是要求在一个小时的授课过程中，至少有一次和全班同学目光对视。另外，我们发现，越是被学生称赞课讲得通俗易懂的老师，在讲课过程中和学生的眼神交流越多。

第②条"避免失败"，指的是指示完以后立即帮助学生，以此提高学习效率，引导他走向成功。当然，这和因为害怕失败而不让学生去挑战是不一样的。这种被称作"避免失败式学习"的方法，通过让学生积累小小的成功经验，从而产生自信，逐渐不再需要老师帮助。等学生意识到的时候，他的内心已经强大到有勇气去挑战、去争取更大的成功。将考试内容局限到一个很小的范围，通过小测试使学生取得比较不错的成绩，与"避免失败式学习"的效果是一致的。

第③条"立即强化"，换言之就是正确表扬。著名军官山本五十六有一句名言"做给对方看，说给对方听，让对方尝试并给予表扬，这样做，人就会被调动起来"。我们经常使用的一种简单有效的做法是，对方做了我们期待的行为后立刻（5~10秒内）给予表扬。

例如，如果孩子是个小学生，当他按时完成作业时，能够笑着对他说"你说到做到，真棒"，今后他一定会按时完成作业。如果孩子是个中学生，笑着表扬完以后，再奖励他一块喜欢吃的点心，他也一定会非常高兴，今后还会按时完成作业的。

实际上这个方法对鼓励自己也很有效。每次解决完一个小问题，可以喝一杯饮料，或者读一读喜欢的书，用自己喜欢的精油做个按摩等，给自己一个小小的奖励（第六章也有涉及）。仅此而已，就能让每天的生活充满干劲儿。

自己起床是迈向自立的第一步

培养身心健康的孩子有很多需要注意的生活习惯，其中必不可少的一项就是**保证睡眠时间**。

培养孩子最主要的目标就是让孩子能够自立。关于这一点，最容易进行判断的标准就是"孩子早晨能否自己按时起床"。以前，孩子上小学后都去钟表店买一个属于自己的小闹钟，但是现在很多中学生的父母认为上学迟到是一件很严重的事情，所以自然而然地改为父母叫孩子起床了。

早晨能够做到不叫孩子起床需要父母具备相当程度的耐心。看着孩子哭喊着对自己说"你为什么不早点叫醒我"，很多父母都会觉得孩子很可怜，因为上学迟到而在老师和同学面前丢脸的正是孩子本人。让孩子能够认真听取父母的建议，从自身经历中认识到早晨自己起不来是件多么难为情的事情，对孩子而言是非常重要的。

☆孩子早晨都是怎样起床的

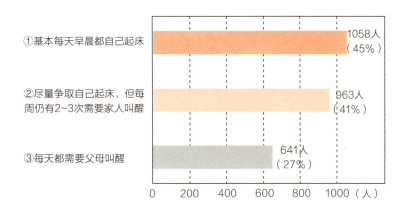

但是，期待孩子通过这种自食其果的方式达到改正缺点的目的，还是有一定局限性的。现实情况是，习惯夜晚工作和学习的人越来越多，整个社会已经变成了一个夜生活社会。随之而来的是孩子自身身体状态的变化（低血压、低体温、浅睡眠等）。等孩子长大步入社会以后，估计为早晨起不来而烦恼的人会多得出乎我们的意料。

一切都已在晚上睡觉前注定

早晨能否按时起床，实际上在前一天晚上就已经注定了。

早晨不能按时起床，大部分都是因为前一天晚上没能控制好上床睡觉的时间。首先，请父母和孩子一起重新商定一下晚上就寝和关灯的时间。小学生一般在22:00（最好在21:00）就寝，中学生最晚不要超过23:00，即使睡不着也要上床休息。调整孩子的身体状态是首要任务。

☆ 睡眠好的孩子成长得好——每天睡几个小时

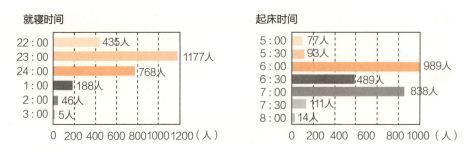

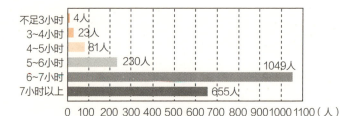

23：00就寝，6：00起床，睡眠时间约7小时的学生居多

入睡前，禁止孩子看电视、打游戏、玩手机。有研究表明，强烈的光线及刺激性的画面等，会使人的大脑兴奋，处于浅睡眠的状态。把睡觉前和起床后应该做的事情固定下来并形成习惯是一个好办法。睡觉之前必须洗澡、刷牙、上厕所，一边听古典音乐一边进入梦乡，把这一系列需要做的事情形成规矩，能使孩子的精神状态在入睡之前稳定下来。

把第二天要做的事情在脑海中梳理一遍再睡觉，也是一个有效的方法。孩子早晨起床后，要整理上学需要带的物品，又要找当天穿的衣服，这样很容易焦躁，甚至会和周围的人产生冲突。但是，有的孩子晚上要做很多作业，有的孩子要参加社团活动，实在没有时间做第二天的准备。对这些孩子而言，只要把第二天要做的事情在脑海中梳理一遍，就能节省很多时间。

还可以再多预备一个闹钟，起床后立即喝一杯凉开水，用凉毛巾擦脸……只要是合理的方法大家都可以尝试。实在不行，父母不妨改变一下自己，每天早晨快快乐乐地叫醒孩子。我们学校每年夏天都会组织学习集训，集训期间5∶30起床，时间一到整个场馆都会播放快节奏的音乐，然后老师们走到各个房间，用灿烂的笑容和洪亮的声音叫醒孩子们。

> **一点建议：**
>
> - 父母平时姿势端正，孩子成长也会受益。
> - 通过"元认知"来调整生活节奏。问候，吃饭，整理！
> - "明确指示""避免失败""立即强化"，通过这三条原则来锻炼孩子。
> - 锻炼孩子早晨自己起床，实在不行就快快乐乐地叫醒孩子！

02_

利用学校的规则

利用学校发的学习资料学习"断舍离"

很多中学在阶段性考试结束后，会要求学生用专门的文件夹把考试卷纸、答题纸、修改好的复印件等装订在一起提交。以前孩子们都是自己在家里整理与考试相关的资料，现在却需要学校来帮助他们养成这样的习惯，仔细想一想不得不承认时代真是变了。当然，还有一些学校把提交上来的考试资料作为学生综合评价的参考。

对于那些不擅长整理的孩子，父母要亲自示范怎样才能把东西整理好。**注意不是替他们整理，而是教他们收拾、整理的方法。**

例如，准备几个文件夹，告诉孩子把学校发下来的学习资料分门别类地装到里面。在整理的过程中，有的孩子比较喜欢按时间顺序进行整理。以一周为单位将学习资料收集全，然后标记日期，再按日期顺序整理装订好。这样，只要记得大概时间，就能在用的时候立即找出需要的学习资料。整理时可以让孩子用多种方法进行尝试，最后找到适合自己的整理方法。

整理书包也非常重要，就像大人的手提包中手机要放在固定的口袋里，钱包、记事本也都要放在固定的位置一样，孩子的书包也要试着利用各种文件夹将空间分隔开来，这样做可以取得非常好的整理效果。

收拾房间也是一样，最开始很难做到将房间细致地收拾整理干净，这时可以将房间大概分成三个区域，学校发的东西放在这里，脱下来的衣服放在那里，等等。想办法将房间分成几个区域，然后把物品分门别类地放到各自所属的空间里。

无论是书包，还是书桌，**收拾得整整齐齐有助于提高学习效率**。整理的时候，父母一定要和孩子一起决定物品的摆放位置。让孩子养成按照自己的方式进行思考和行动的习惯，这比收拾整理更能促进孩子身心的健康发展。也许孩子收拾完以后，父母看了仍觉得不够干净，但是让孩子自己决定什么东西放到什么地方，他会有一种通过自己的努力收拾干净的成就感，这对孩子而言是非常重要的。**如果孩子能够自己意识到，现在不整理，以后找东西会越来越麻烦，从而自觉地把东西整理好，那么家长的教育就成功了。**

社团是最好的锻炼场所——竞争法则、上下关系、团队意识

学习成绩能取得进步的学生有一个共同的特征，那就是从小养成了"坚忍不拔""勤奋努力"的好习惯。要想养成这两个好习惯，运动是最适合的方式。

积极参加社团活动（俱乐部活动或课外活动）的学生和不积极参加社团活动的学生，成绩分布有明显的差异。总体来看，热心参与社团活动并在活动中成为主力的学生，学习成绩都普遍靠前。

参加社团活动绝不是件轻松愉快的事情，在这个过程中会遇到很多挫折，还会产生很多烦恼。这时，孩子就要学会克服困难的方法。比起锻炼身体，**社团活动更能锻炼孩子的心智**。

通过参加社团活动，孩子还可以学习如何认真听取指导教师的意见，然后抱着谦虚的态度认真练习。有的孩子资质很高，但是性格固执，不按照老师的要求去做，或者自尊心强，刚愎自用，这样的孩子达到一定水平后，就很难再进步了。相比之下，那些态度谦虚、认认真真练习的孩子，无论在体育运动上还是学习上都一定会不断进步的。

在体育社团中，无论是参加团体项目还是个人项目，都要和有共同目标的队友一起努力，这有助于培养孩子在团队中的**协作能力**。特别是足球队、棒球队等，这些对团队的整体实力要求比较高的社团，**在培养孩子的沟通能力方面发挥着重要的作用，而这种能力恰好也是孩子步入社会后最重要的一种能力**。

竞争的本质

体育竞技有胜有负，因此孩子要学习为了取得胜利必须做出哪些努

力。在胜利与失败交替的过程中，孩子还会经历情绪的起伏变化。

虽然比赛输了，但是输得很不甘心，有这样的想法非常重要。不甘心是努力过才会产生的一种情绪，如果没有拼命地练习，就不会觉得不甘心。

一些要求严格的社团，通常把"胜利"放在首位。还有一些社团，并不十分在意胜负，而是把"重在参与"作为准则。在要求严格的社团中，输了比赛队员会很不甘心，训练会更加刻苦，因此精神意志能够得到更大的锻炼。

当然，并不是说如果不取得胜利，这些活动就没有意义。我想强调的是，既然参加比赛就不要抱着输了也可以的念头，而是要想着去赢这场比赛，并以此为目标认认真真地进行准备，这种努力才是最重要的。

一个好教练在比赛结束后对队员说的话都是经过深思熟虑的。比赛输了，他可能会对队员说"真是一场精彩的比赛"，看到队员哭了，他可能会走过去说"没有比这场比赛更有价值的失败了"。

另外，输了比赛后，通过孩子说出来的话可以看出比赛对于他们的意义如何。对于胜败无所谓的孩子可能会说"我又没想赢"，由此可见他根本不知道自己参加比赛的目的是什么。如果拼尽全力去参加比赛，输了自然会掉眼泪。正因为努力拼搏过，才会不甘心而流下眼泪。

考试也有相同之处，及格还是不及格当然很重要，但这并不是考试的全部。从结果来看，当然及格最好，但是考试结束后孩子怎么想是非常重要的。引导孩子正确地面对考试，才是考试的意义所在。

孩子怀着怎样的心情参加考试，通过考试感受到了怎样的喜悦或者遗憾，才是对孩子将来的生活非常有意义的宝贵体验。

上下关系——了解组织的"不讲理"

在前辈和后辈之间,存在一种领导者和被领导者的关系,而且对于后辈来说,要有一种心理准备,等到明年自己也许就可以成为领导者了。在公司也是一样,应届毕业生进入公司后,随着时间的推移资历越来越老,会逐渐成为领导者。可见,社团是能够体验这个过程的"微型社会"。

严格的社团会遵循分明的前辈和后辈之间的关系。老师和学长说什么、做什么,即使觉得没有道理也要坚决服从。因为自己不成熟,很多事情还不能理解,也没有人给出解释,就只好按照老师、学长说的去做了。将来步入社会后,到处都可以看到这种"不讲理"的现象,如果在学校参加的社团要求严格,就能对这一点深有体会。但如果不是正规的社团,孩子将无法从经历中总结学习,成长的脚步也会因此而放慢。

有些刚刚步入社会的年轻人能认真听取上司和前辈的指导,以"请多关照"的谦虚态度面对前辈,这种普通职员精神非常重要。因此,如果孩子跟父母商量参加社团活动时,请父母建议孩子"最好加入一个要求严格的社团,绝不能半途而废"。

当孩子参加社团活动累了时,请为孩子加油

日本各地学生参加社团活动的实际情况有所不同,尽管从全国来看社团活动正在逐渐减少,但在爱知县、静冈县等地区的公立中学,社团活动依然方兴未艾。这些地区的社团活动基本全员参加,其中参加运动类社团的学生人数约占总体人数的80%。在文化团体中,有合唱部、吹

奏乐团等多次参加全国比赛的正规社团。这些社团的学生每天都要进行训练，周末也要进行长达10个小时的训练。除了训练以外，还要远赴异地参加比赛，他们的忙碌程度不亚于大人。

在我们这所补习学校中，很多学生都是18:30社团活动结束以后，一边在车里吃着饭团一边赶到补习班来上课。他们到的时候时间基本上都刚刚好，可以看出从学校直接赶过来脸上还带着些许疲惫。

19:30（地区不同，开始时间也略有不同）第一节课开始，我推开教室的门，孩子们略显疲惫的脸上带着些许兴奋，看来社团活动意犹未尽。不久后我发现一个有趣的现象，就是到了第二三节课的时候，孩子们的学习状态会越来越好，尤其是第三节课的时候状态最好。结束了一天的学习和训练，下课后他们依然会大声地对我说："老师，再见！"然后急急忙忙地回家。

有时我在想这些学生一定会很累吧，他们也一定想在家吃一顿热乎乎的饭，然后好好休息一下，但是孩子们最终还是战胜了自己的惰性，来到了补习学校。我们这些老师过去也曾经是在学业与社团活动之间忙碌奔波的学生，我们也要用实际行动给他们精神上的支持。因此，学生来上课时，我们会用周围人看来可能会感到惊讶的洪亮的声音和灿烂的笑容欢迎他们。在课堂上，我们会讲一些学生感兴趣的话题吸引他们，会调整语速营造出一种愉快的课堂氛围，会让课堂充满挑战从而激发学生更加努力地学习。

在精力充沛的人身边，自己也会变得精力充沛，这就是保持精力充沛的基本方法。因此，作为经常接触学生的老师，也要时刻努力让自己保持最佳的精神状态。尽管有时累得筋疲力尽，也尽量不要让学生看到，在学生面前要始终保持精力充沛的样子。

☆ **保持精力充沛的法则**

父母也是一样,看到孩子参加完社团活动满身疲惫地回到家,装也要装出精神饱满的样子高高兴兴地迎接孩子。"今天也很努力啊""这份努力才是最宝贵的财富",一方面要对孩子给予充分的肯定,另一方面也不能放松学习,还要高高兴兴地送孩子去补习班上课。

孩子忙起来才会合理安排时间

有些社团要求很严格,每天训练非常忙碌,但越是忙得没有时间的学生,越表现出学习成绩好的倾向。很多在班级里名列前茅的学生,在学校参加的也多是要求严格的社团,并且很多学生都为自己有能力参加这样的社团而感到自豪。

社团活动能让人感觉到学习时间是有限的。因为参加社团活动占用了时间,所以只能抓紧现在的每分每秒去学习,这种紧迫感会让学生在不知不觉中自然地形成短时间内集中精力的好习惯。

每个人一天都只有 24 个小时,怎样做才能让孩子学会高效利用时间呢?**我认为首先应该让他们体验到"太忙了,时间不够用",这是最重要**

的。然后，让孩子明白并不能因为忙得没有时间就不做了，**而是要学会积极思考怎样做才能更好**。事实上无论多么繁忙，总有很多学生能够高效率地完成功课。

例如，第二天的社团活动要求 5:00 集合，有的孩子就会跟家长说晚上不想去补习班上课了。早晨起得太早，孩子的确很辛苦，晚上学习到太晚也很不容易，这些都能理解。但是，正是这种特殊情况，才是锻炼孩子的最佳机会。这时，父母不妨先对孩子的心情表示理解，然后对孩子说："学习和社团活动都想兼顾的话，怎样做更好呢？"

晚上补课要到很晚，第二天又要早早起床，为了保证补课后回到家马上就能上床睡觉，孩子可能会提前把床铺好，把睡衣准备好。为了第二天早晨能节省一些时间，孩子可能会把社团活动的用品提前准备好，然后再去补习班上课。这时如果父母说"可以不去补习班上课"，那么孩子就失去了一次锻炼自己规划能力的机会。

孩子没说话的时候，父母不要插嘴该怎么做，要让孩子自己判断应该先做什么。当孩子问的时候，再给他提一些建议。刚开始孩子可能会遇到一些挫折，但这些都是宝贵的经验。有时候要让孩子经历失败，在不断积累经验的过程中孩子自己就学会成长了。

预测未来会发生什么，应该先做什么，准备到什么程度，这种规划能力在孩子将来步入社会后会变得非常重要。而且，敢于选择一条艰辛的道路，自己有信心能够想出办法解决出现的问题，这些经历将成为孩子成长路上强有力的支撑。未来社会在不断发生变化，有自信在变化中发现问题、解决问题，才是新一代领袖所具备的精神。

一点建议：

- 如果想培养优秀的孩子或者想提高孩子的成绩，就让他参加要求严格的社团吧。
- 通过社团活动可以培养孩子步入社会后所必需的耐力、勤奋、协作能力以及沟通能力，可以让他认识到努力做事的重要性。
- 让孩子处于一个忙碌的环境中可以锻炼他的规划能力，让他能够在繁忙的状态下安排好自己的生活和学习，培养坚韧的性格。

03_

家庭的力量使孩子的内心变得强大

从今天开始使用"魔术词典"

当孩子没有生病或受伤等明确的理由却不想去补习班上课时，妈妈应该怎么说呢？有的妈妈会很生气，立即反驳"不能耽误课啊"；有的妈妈优柔寡断，跟孩子商量"上不上课你自己决定，我怎么都行"。我认为，这两种做法都不太好。

我建议妈妈用坚决的态度反问孩子："你觉得妈妈会怎么说呢？"估计孩子会回答："我想妈妈不会同意休息"。如果孩子是这样回答的，就笑着跟他说："你心里都知道啊！真不愧是妈妈的孩子，那就去上课吧！"然后高高兴兴地送孩子去上课。其实，孩子一开始就知道妈妈会说什么，只不过想试探一下，万一妈妈同意了呢。"你觉得妈妈会怎么说呢"这句话不管在什么情况下，不管孩子长到多大都可以使用。**经常让孩子自己**

思考问题，让孩子自己得出结论，能够培养孩子的判断能力。当孩子自己得出结论时，别忘了补充一句"你真棒"。

☆ **培养孩子的判断力，让孩子自己做决定**

父母是应该心疼孩子身体不舒服，让他在家休息，还是应该按捺住自己的恻隐之心，让孩子继续学习呢？到底怎么做才是真正为孩子考虑呢？虽然具体情况要具体分析，但是有一点是肯定的，那就是纵容孩子的任性并不是真正对孩子好。

不让孩子吃苦，容许孩子任性，这样做会剥夺孩子成长的机会。有时父母要下定决心，认识到对孩子要求严格是为了孩子好，才能耐心地培养自己的孩子。

人的性格在中学时代基本就已经形成。即使长大成人，也不会有本质上的变化。我深感父母在培养孩子的时候，不应该把他当成"小孩子"来看待，而是要认识到"现在"和"将来"是在一条线上的，教育孩子就要把目光放远，把他培养成人。我上学的时候，父母就对我说过"你这样做，将来步入社会会让人担心"，现在已是成年人的我回想起这句话，深切地感受到的确是这样。

不要"因为是孩子",就娇生惯养、任其所为,要让他学会克制、学会容忍。为了让他长大以后不让父母担心,从现在开始就找适当的机会引导教育孩子吧。

像培养下属一样培养自己的孩子

我上课批评学生的时候被一位新来的老师看到,他笑着跟我说:"你刚才对学生说的那番话,跟今天会议上领导对我们讲的话一样啊,我听了感觉好像是在批评自己。当我意识到这一点,我觉得这些孩子们真是幸福。"也就是说,领导对新员工讲话的内容和老师教育学生时说的内容基本是相同的。无论是中学生还是刚步入社会的年轻人,应该遵守的基本事项是有共同之处的。

最近,听说大学毕业后想当家庭主妇的人比以前多了。我想对刚毕业还没结婚的女孩说,为了将来能够成为一个好母亲,还是到社会中去工作锻炼一下自己吧,认认真真地坚持做好一份工作,在工作中积累多方面的经验。能够扎实地把工作做好的人,也能把孩子培养得很好。

而且,如果有管理岗位的工作经验或者有领导下属的经验,就可以像培养下属一样培养自己的孩子。"必须有耐心,要学会等待""必须学会独立",培养下属和培养孩子的技巧有相同之处。

步入社会后也非常重要的品质——认真

小孩子在三四岁之前,大人都会想方设法地宠爱他,表扬他。这时父母会强烈地感觉到孩子是自己的骨肉,要把所有的爱都倾注在孩子身上。孩子也本能地对大人产生依赖感,"这个人不会离开我""这个人会保护我""我要听这个人的话"。父母对孩子的爱能让孩子有一个稳定的内心世界，正因为有这种安全感，他才能认真地接受别人的建议。而且，无论是学习还是工作，很多关键时刻能认真听取别人的建议是非常重要的。

第六章还会详细介绍，高中入学考试不需要孩子多么天资聪颖，只要认真努力就能脱颖而出，这么说绝不过分。认真的孩子能不断取得进步。只要认真努力地学习，甚至有可能超越天才。

年轻人刚刚步入社会时，认真的态度非常重要。做事不认真，不适应公司的内部环境，就可能什么事都干不成。相反，那些懂得先学习公司文化的年轻人，今后在公司更能够发挥出自己的实力。首先要认真学习公司的规章制度，如果不按照公司的规定进行工作，就不会得到公司的认可。而且只有站在组织内部某个层面上的时候，才可以发挥自己的个性。

家庭分工可以促使孩子学会自立

很多家长在孩子小学阶段，都会让孩子帮忙做一些家务。但是到了中学阶段，考虑到"学习优先""社团活动很忙"等原因，不知不觉中就不再像以前那样积极地让孩子做家务了。

即使到了中学阶段，父母也不应该单纯地让孩子帮忙，而是应该让孩子通过家庭分工来承担起一部分责任，这是非常关键的。这样做也可以让孩子在家庭中更有存在感。

自己的工作，既然决定要做就必须把它做完，这也关系到是否遵守和别人的约定。另外也要让孩子明白，如果自己没有完成工作，会给周围的人带来麻烦。

通过自己的工作给别人带来快乐，这件事情本身就具有重大的意义，也会让孩子觉得充满干劲儿。如果孩子负责的是清扫浴室的工作，家人在使用整洁的浴室时，不要觉得一切都是理所当然的，而要在每次入浴时都对孩子说"今天谢谢你，帮我们打扫浴室"，要向孩子表达自己的感谢之情。

给孩子零花钱要适度，金额要固定

时间和金钱都是有限的，如果孩子意识到这一点就会想办法合理支配。如果手头的钱不多，孩子就会想怎样合理使用这些钱，进而变得越来越聪明懂事。补充一点，我并不提倡让孩子手头拮据以至于无法与周围的朋友正常交往。建议父母问问孩子，周围的朋友中，零花钱最多的每个月是多少，最少的是多少，父母有必要了解孩子周围的朋友都从父母那里得到多少零花钱。

还可以和认识的妈妈们交流，得到的信息也可以作为参考。还有就是和孩子商量，只要跟孩子商量好了给多少钱合适，基本也没有问题。

我以前不是按月给孩子零花钱的，只要儿子说钱不够用了，我就给他一些。但是，我后来发现这样做并不好。因为这样就不能培养孩子的**规划能力**和**统筹能力**。比较好的做法是，从小学高年级开始，每个月给孩子固定的零花钱，在这个额度范围内全部由孩子自己统筹安排。这样孩子就会想，如果要买漫画书就要克制一下不能吃冰淇淋了，渐渐地就不会乱花钱了。

关于零花钱，不仅仅存在多少的问题，还有一些需要注意的地方。当孩子的零花钱不够用时，是怎么跟父母说的，父母最好留意一下。中学生的思想还不成熟，有时候会错误地判断是非好坏。当他有了想要的东西，但仅仅靠手头的零花钱又买不起时，如果被占有欲支配，就很容易陷入少年犯罪的危险境地。因此在零花钱的问题上，请父母一定要仔细观察，监护好自己的孩子。

对做事专注的孩子给予支持

无论对什么感兴趣，只要能专注地做一件事情，就是孩子确立自我的最好机会。做得好不好都没有关系，只要努力地付诸行动就是有价值的。有的孩子喜欢昆虫，会采集各种昆虫标本，整天一个劲儿地看图鉴；有的孩子对铁道感兴趣，会在休息日查好列车时刻表，专门去拍照片。当然，认真努力地学习也是有价值的。同时，父母要鼓励孩子去追求他感兴趣的东西，保护好孩子的兴趣爱好也非常重要。

☆ 拓展孩子感兴趣的领域

专注于喜欢的事情，学会如何努力，自信心就会增加。

作为父母，**能为孩子做的就是对正在努力的孩子给予支持，支持他在人生的舞台上更轻松地扮演好自己的角色**。支持的方式多种多样，有的父母会跟孩子一起懊悔，有的父母会跟孩子一起流泪，还有的父母会让孩子思考为什么会产生这样的结果，无论哪种方式都是对正在努力的孩子所给予的支持。

要有偶像意识——希望孩子成为什么样的人

作为父母，在培养孩子的时候，有没有将某位偶像作为学习的榜样呢？也许大家觉得难以置信，但是这的确会带来很大的不同。父母心中有偶像，面对孩子的时候就会强烈地意识到"为了孩子，我的言行应该这样"。有时，不断地提醒自己注意也许很不容易，但是如果有偶像可以时刻参照就会容易坚持下来。

有的妈妈为孩子的叛逆而感到苦恼，试图翻阅一些家庭教育方面的书籍找到解决办法。但是，每本书写的内容各不相同，对于特定母子间存在的具体问题，在书中也许并不能找到准确的答案。如果父母心中有一个明确的目标，希望自己的孩子将来能够成为什么样的人，那么这就是答案。当然最后能把孩子培养到什么程度以及给人的印象如何，这些都因家庭的不同而千差万别。

父母的自我确立是养育孩子铁的法则，父母的价值观是孩子价值观的根本。父母没有明确的自我认同就无法培养孩子。可以说，父母对孩子的影响是非常大的。

"希望你能这样""这样做不行"，决定这些标准的是父母。父母期望孩子将来成为什么样的人，就会影响孩子为自己的未来描绘出这样的人物形象。

存在矛盾心理是父母成长的机会

所有父母都爱自己的孩子，都觉得自己的孩子可爱。正因为这样，他们的内心经常会感到困惑，不知道怎样做才能让孩子受益。其实，这样一种矛盾心理是培养好一个孩子的开端，也是父母成长的机会。

感到困惑是成为合格父母的开始。不要只做孩子成长路上的旁观者，请从认真思考"这样下去可以吗"开始行动。谁都不是从一开始就能扮演好父母的角色的，最开始谁都没有经验，父母只要陪着孩子一起向前走就好了。

孩子小的时候，年轻的妈妈没有经验，经常会向有经验的妈妈请教各种问题。第一个孩子哪怕身上起了一些湿疹都担心得不得了，但是有了第二个孩子，同样起湿疹，妈妈就会轻松淡定地说："这种程度没问题。"显然比以前有经验了。

父母也在不断地成长，不会站在原地不动，那么就让父母和孩子一起成长吧。

一点建议：

- 反问孩子："你认为妈妈会怎么说呢？"如果孩子知道自己应该做什么，就会做出正确的决定。
- 当孩子努力专注于做某件事情时，父母要始终支持他。
- 培养孩子是很辛苦的，遇到困难时只要有一个目标——把孩子培养成这样的人，就会有办法解决。

经常让孩子思考怎样做能使效率更高

学习成绩不好的孩子做无用功的时候比较多。

我见过一个学生自己在核对习题集的答案时,将有答案的那页翻开后又合上了,本来贴个标签就可以很快找到,但是那个学生却没有注意到这一点,每次书合上后都要重新寻找答案所在的那一页。这种做法实在太影响学习效率了,会浪费很多时间和精力。由小见大,这样的孩子可能做很多事情都要花费别人2倍乃至3倍的时间来完成。

如果觉得自己家的孩子一直都在学习,但是成绩却没有提高,那很可能是因为孩子用在学习本身上的时间并不多,而是做了很多无用功,导致整体的学习时间延长了。

还有一个问题就是很多孩子并没有意识到效率低会给学习带来哪些不良影响。有的孩子把答案手册和答题纸放在距离很远的地方,每次核对答案都要辛苦地伸着脖子,直到有人提醒他"放到旁边多方便啊",他自己才意识到原来那样做该有多么笨拙。

这样的孩子**不知道思考怎样做能让自己学习更方便,更有效率**,除非有人告诉他,他才会意识到,否则自己不会觉察到任何问题。

不过，即使是大人有时候也存在这个问题。有些事情尽管也觉得不方便，但却固执地认为就是这个样子的，而不去思考更方便的解决办法。我想还是应该从日常生活中的小事做起，让孩子努力去思考有没有更好的解决办法，然后和孩子一起交流探讨，这样做才是最重要的。

第二章
培养上课认真听讲的孩子

作者：酒井贵子

毕业于静冈大学人文学部，佐鸣补习学校国语骨干教师。笑容充满亲和力，性格热情，深受学生们的喜爱。在她的指导下，很多学生的成绩都有大幅度提高。在对学生进行升学指导时，能够设身处地地为学生着想，得到学生和家长的一致认可。

01_
听课态度好坏具体指什么

课上听懂了就可以缩短课下学习时间

在中学阶段，听课方式对课堂学习内容的掌握程度有很大影响。中学阶段的学习内容对绝大部分学生而言，只要认真听课都能够掌握，熟练掌握程度取决于学生在课堂上是否集中注意力。如果学生在课堂上掌握了，课后只要大概复习一遍，就能在考试中取得平均分以上的成绩。说起集中注意力，可能有些孩子会感觉有点抽象，不知道怎么做才好。在此，我们就从"姿势""视线""点头"几个方面，介绍一些具体且可以立即执行的听课秘诀。如果在课堂上能够集中注意力，就能充分领会老师讲的话，学习内容也能当场理解并掌握。

从姿势就能看出听课的认真程度

学习的姿势非常重要。集中精力认真做题的时候，姿势自然会变得端正，这时上身会略微向前倾。相反，如果是心不在焉，就会把一只胳膊肘支起来，不写字的那只手会垂下来，或者身体慵懒地靠在椅背上。在第一章我们就提到过，姿势是最基本的要求。

☆ 从讲台上看到的风景

寒暑假期，我们的补习学校会举办各种学习集训。集训时会按照学习成绩把学生分成10个班进行授课。我有时会到各个教室去看看，只需要站在教室后面，就能大概猜出这个班级的成绩如何。因为从学生的背影就能看出他们学习时的姿势，成绩好的班级和成绩不好的班级是完全不同的。由此可见，学习姿势对学习成绩带来的影响是很大的。

在学习姿势好的班级（也就是成绩好的班级），上课时大家几乎同时翻开课本，迅速利落地解决问题，一起把目光投向老师，全员动作非常整齐。无论做什么事情，进入状态都很快，几乎没有多余的动作。

当然我不能保证姿势好就能马上取得好成绩，但是通过调整坐姿，可以改变听课方式、听课态度，进而能够尽可能多地听取老师讲的内容，有明确的学习目标，学习成绩自然也提高了。类似这样的例子我见过好几个，也正是因为有了明确的目标，才会采取实际行动。

此外，姿势也可以说是一个征兆。比如，有的孩子是因为心理出现了某些问题，才导致坐姿和站姿不端正，行为举止异常。端正一个孩子的学习态度，可以先从形式入手进行姿势矫正。不过矫正姿势的同时也要关注孩子的心理健康,发现问题后想办法及时解决。内在的心理问题解决了,孩子学习就会有动力,姿势状态自然也会发生变化。

上课时看老师的学生和不看老师的学生

我在讲课的时候发现有的学生经常与老师目光相交,而有的学生根本不看老师。不管学习成绩如何,我能感觉到上课看老师的学生在认真听课,也往往能给老师留下好印象。

有的学生虽然低着头,但实际上他可能也在听课,但因为老师看不到,所以也感觉不到他在听课。学生要意识到老师会怎么想,要**通过行动明确地告诉老师**"我在听您讲课"。视线相交意味着"我正在听,我听明白了,我都掌握了",要主动与老师交流,而不是被动地接受知识。

☆ 听老师讲课时学生的眼睛在看哪里?

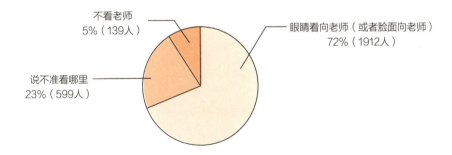

有这样一种说法,越是在课堂上与老师目光交流多的学生,越能给老师留下好印象,也越容易被老师重视,最后学校成绩报告单上的评分也越高。将来孩子步入社会工作后,这种倾听的技巧会让他受益良多。读到这里请一定找机会告诉你的孩子,**听别人讲话时一定要看着对方的眼睛,这是与人交流的基本礼节**。

低头的学生和点头的学生

课堂是由老师和学生共同搭建起来的。**老师授课时，会根据学生的反应调整进度。**我经常对班里的学生说："听明白了就点个头吧！不点头就不继续往下讲了。"

老师站在讲台上能够非常清楚地看到整个教室，并希望学生听懂的时候能够点头示意。有的学生觉得老师没有面向自己，实际上哪怕学生坐在教室的一角，老师也会看到他有没有点头。知道学生在认真听讲，老师自然而然就会把目光转向他，这位**点头示意的学生也就给老师留下了非常好的印象**。

如果有听不懂的地方，老师也希望学生能稍微歪着头说一句"嗯?"根据学生的这个反应，老师会决定继续往下讲还是把刚才的内容再详细地重复一遍。

努力学习而且积极性高的学生，课堂反应会非常好，老师上课时的心情也很愉快。作为传授知识的一方，老师越是乐在其中，越想要教授给学生更多的知识。

☆听课点头的学生会给老师留下好印象

关于低头和点头的行为习惯，在大人身上也有所体现。个别家长参加家长会时会坐在教室后面，一直低头摆弄手机，对这样的家长，老师自然没有什么好印象。相反，看到有的家长认真地听老师讲话，不断地点头，老师的目光就会不由得转向这样的家长。我想这也是人之常情吧。

令人感到有趣的是，课堂上学生的反应和家长会上家长的反应非常相似，孩子就是家长的一面镜子。平时喜欢笑的家长，他们的孩子也都开朗、乐观。一个班级的气氛和这个班家长会的气氛基本一样。

各位妈妈可以回想一下，自己在听孩子讲话的时候也是一边点头一边倾听的吗？也许因为有的妈妈不是这样做的，所以孩子听别人讲话的时候也不知道点头。我想如果**爸爸妈妈在听孩子讲话时，也能一边点头或者做出适当反应，一边倾听，孩子也一定会学着这样做的。**

一点建议：

- 中学阶段的学习内容不难，只要上课认真听讲基本都能掌握。因此要让孩子认识到上课认真听讲的重要性，从而养成集中注意力听课的好习惯。
- 请留意一下孩子的听课姿势和学习姿势！如果发现姿势不端正，立即矫正吧。
- 要让孩子养成看着老师听课，听明白了点头，对老师的话能够做出反应的习惯。
- 孩子是父母的镜子。要想让孩子认真听别人讲话，父母首先应该认真听孩子讲话。

02_
听课态度影响学习成绩

哪些学生迟迟不能进入上课状态？

进入上课状态慢的学生具有如下特征：

①桌面凌乱不堪
②课本等没有固定位置
③铅笔、橡皮等学习用品经常掉到地上
④铅笔经常不好用

这些学生的共同特点是没有预测能力，徒劳的动作太多。其实，培养孩子的预测能力不仅仅能让他受益于课堂，在日常生活中也能。

在第一章中我们提到过课桌及周围都乱七八糟的话，上课时找教科书和笔记本会很浪费时间。如果能预测到这些行为会浪费课上的宝贵时间，孩子就会自觉地把桌面收拾整齐。

铅笔之所以会掉在地上也是因为桌子上面乱七八糟，导致频繁出现捡铅笔这种徒劳的行为。铅笔如果不好用会带来很多麻烦。上课时出现这种情况还勉强可以，但如果发生在考试刚开始时影响就严重了。本来换别的铅笔就可以了，但偏偏有些固执的孩子硬是想把它弄好，导致答题时间变短。所以学生要提前考虑到铅笔会坏的可能性，多准备一支备用铅笔。

差距在开始上课前已经产生

☆学校上课的情况如何？

问：上课时，有学生吵闹不能认真听讲的情况吗？

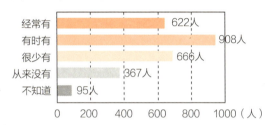

☆上课前做准备吗？

问：在学校或补课班上课，老师来到教室之前，会做上课的准备吗？

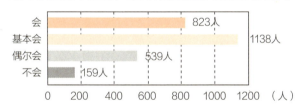

我们要求学生在老师来到教室之前，把课本翻到老师准备讲的那一页，随时准备上课。但偶尔还是有学生在老师宣布"开始上课"之后，才把课本从书包里拿出来，慢腾腾地翻到要讲的那页。正因为这样，有的学生进入上课状态就比其他学生慢了一步，容易错过前几分钟的内容，确实是有损失的。

提前把书翻到老师要讲的那一页，坐好等待老师的到来，养成这样的习惯有很多好处。其中之一就是能回忆起上节课讲了什么，即使没有特意往前翻看也会在脑海中意识到上节课讲到哪里了，今天从什么地方开始讲。这样大脑就会自动做好上课的准备，以这样的状态开始上课就能顺利地跟上老师讲的内容了。

我们所说的没有做好上课前的准备，不仅仅是指客观上必需的书本文具没有准备好，也指主观上没有做好上课的心理准备。比如，没有复习上节课老师讲过的内容，没能理解上节课的内容和这节课的内容有哪些必然联系，脑海中各个阶段的学习内容是孤立而零散的。由此可见，进入上课状态慢会带来很多问题。还有一点不容忽视，那就是尽管一次只慢了几分钟或者几秒钟，但是日复一日、年复一年，日积月累就会有很大的差距。

建议家长经常问问孩子"今天上课都讲了什么"。如果孩子能具体说出都讲了什么内容，说明他对学习进度心中有数。如果仅仅说出"数学""历史"等学科的名字，或者回答的内容泛泛而模糊，那可能是因为他对课程进度不太了解。

怎样才能对老师的话做出快速反应

为了能够对老师的话快速做出反应，学生必须预测到老师接下来会说什么。那些磨磨蹭蹭，小动作多的孩子，不想也不会预测接下来应该做什么。结果导致行动比别人慢，被老师警告批评，一步一步陷入恶性循环。

孩子做什么事情之前，如果父母总是嘱咐或者提醒他应该怎样做，孩子的预测能力就会慢慢变得迟钝。虽然父母有时可能会感到焦虑，但是为了让孩子养成预测接下来会发生什么并且提前考虑好应该怎样准备的好习惯，和孩子说话时就要试着多问问孩子："接下来应该怎么办？"

在家庭中受到过度保护的孩子，基本上做什么事情都有磨蹭的倾向。可能他已经习惯了妈妈对自己说"快一点"，不知不觉中养成了没有人催促就不行动的坏毛病。

如果父母想让孩子做什么事情都麻利一些，就要在孩子快速采取行动的时候，及时表扬他这种行为。如果对孩子某个令人满意的行为给予了中肯的表扬，那么孩子下次同样会努力这么做。比起在孩子做什么事情之前都催促他"快一点，快一点"，莫不如在他快速采取行动时表扬。

一点建议：

- 让孩子养成收拾课桌以及上课前做好准备等待老师的好习惯。
- 在没有人告诉自己做什么之前，能够预测到应该做什么并且付诸行动，培养孩子具备这样一种能力是非常重要的。
- 当孩子做出了令人满意的行为后要立即表扬，这样他下次还会这么做。

03_
笔记预示未来

通过整句阅读培养阅读能力

阅读方法和笔记的记录方法很相似。不擅长阅读的学生阅读时以词为单位进行阅读，记笔记也是以词为单位进行记录。

例如"下功夫试着写一写"这句话，以词为单位阅读就是把"下功夫""试着""写一写"全部拆开来读。记笔记的时候也存在同样的问题，后面会提到。

我们要求学生不要把句子拆成词来读，而是要一句话一句话地读。可是，对词汇掌握得不好的学生，不知道应该在什么地方断句，阅读速度就会受到影响。特别是让学生读一些难以理解的文章时，阅读速度快的学生和阅读速度慢的学生之间就会产生很大的差距。

理解能力是一切的根本

在初中三年级的教室里，我让学生默读一篇考试中出现的文章，告诉他们读完后举手。学生的座位从前到后基本是按照成绩进行排序的，最先读完的通常是班里成绩最好的学生。我发现到第二排为止，阅读速度和成绩的排序基本一致。当第一个学生读完举起手的瞬间，坐在最后面的学生会嘟囔一句："我才读了一半啊！"这句话对我的触动很大。

通过这件事，我深切地感受到学生之间理解能力的差距如此之大。第一名学生花 1 个小时做完的事情，最后一名学生竟然需要花 2 个小时才能完成。那么，体现在学习成绩上自然会有很大的差距。

有的数学题题目很长，在解答这样的数学题之前，单是审题这个步骤就产生了差距。不夸张地说，在这个时候就已经分出了胜负。阅读能力弱，答题和记笔记的速度都会下降，而且这种影响会涉及所有的学科。

不要把笔记本当成艺术品

我发现有的学生把记笔记简单地理解成了"把黑板上的字抄下来"，因此原封不动地照抄黑板上的内容，这样做实际上并不是真正意义上的记笔记。

现在越来越多的学校开始使用白板。以前学校的教室里使用的是暗绿色的黑板，特别重要的地方老师会用看起来更醒目的黄色粉笔书写。

有的学生没有注意到黑板的颜色和笔记本的颜色是不一样的,也不去思考老师为什么使用黄色的粉笔重点标记。老师怎么写,自己就怎么机械地照抄,用黄色笔一模一样地抄写下来。可以想象,白色笔记本配黄色荧光笔,写出来的字根本看不清楚。但是,学生却固执地认为,写得和老师的板书一模一样是非常重要的!

对于这样的学生,我不得不强调:"因为黑板是绿色的,所以黄色粉笔才显得醒目,而白色的笔记本上很难看清黄色的字迹。自己认为重要的内容,可以用红色或者其他醒目的颜色做标记。"这样解释一番后,学生就明白了。还有学生记笔记,并不是为了今后复习时使用方便,而是为了手绘出漂亮的笔记,这样做就失去了本来的意义。

另外,太漂亮的笔记本也存在问题。特别是一些女孩子,误解了老师要求"好好写字"的本意,用一些色彩鲜艳的笔装饰标题,稍微出现一点错误就用修正带修改,老师觉得无关紧要的地方她们也不停地描来画去。这样的笔记本看起来漂亮又清晰,但并不适合学习。因为她们光顾着装饰笔记,老师讲的话根本没听进脑子里。把笔记本当成一件艺术品,把记笔记当成另外一项"工作",这难道不是本末倒置的行为吗?

需要补充一点,笔记记得整齐漂亮绝不是什么坏事。但比这更重要的是让孩子明白,什么样的笔记才是真正漂亮的笔记。一定要告诉孩子:比起漂亮的外观,在有限的时间内,将老师讲的内容完整高效地记录下来,才是最重要的。笔记要清晰明了,让人一目了然。

记笔记要为以后着想

有些学生只想着先把老师讲的内容记下来,字迹潦草,连自己都看不清。也许他没有想过复习时还要再翻开笔记看看吧。笔记就和人的大脑一样，笔记记得乱七八糟的学生，大脑也一定很混乱。

有的学生没有将重要的地方用醒目的颜色做标记的习惯，只用一支铅笔把黑板上的内容都照抄下来。看他的笔记，没有空白，也没有行间距。更有甚者，把别的学科笔记本拆开再利用，就这样笔记本用到最后都不知道哪里去了。这样的孩子根本就不明白为什么要记笔记。

记笔记就是一边整理学过的知识，一边把整理好的知识输入大脑的过程。对没有意识到这一点的学生，我会认真地指导他们，让他们明白记笔记的目的和意义。

先浏览一遍再抄到笔记本上

> **记笔记的基本注意事项**
>
> ① 作为一个整体，一口气记住
>   → 不要总看黑板，一次看完整块内容
>
> ② 凭借记忆，一口气写在笔记本上
>   → 记笔记时要有意识地背诵
>
> ③ 写完以后要进行最终确认
>   → 看黑板检查笔记有没有错误

前面我讲过文章要一句话一句话地读，记笔记也是如此。

例如，如果记"This is your pen"，不是一个单词、一个单词地写"This""is"……而是要把"This is your pen"整句话记在大脑中，一边记，一边把整句话写下来。这样做非常重要，哪怕刚刚意识到这一点也会带来很大的变化。

一个单词、一个单词记笔记的学生，在老师眼里就像是蛙泳比赛中经常换气的游泳选手。

于是我会对教室里频繁看黑板记笔记的学生说:"如果游泳时换气次数少,就能游得更快一些。大家也要试着尽量减少换气的次数(也就是减少看黑板的次数)。"学生按照我的指示认真地记了一会儿笔记后,喘着粗气对我诉苦说:"老师,真是太难受了!"有个学生特别风趣地问:"老师,我憋不住了,换口气可以吗?"

☆记笔记时不要总看黑板!

通过这样一个例子,我想强调的是,同学们记笔记时尽量不要频繁地看黑板。

学习时不要总使用橡皮

记数学笔记有一条铁的法则,那就是保留计算题的计算过程。

我指导学生记数学笔记时,通常要求他们在笔记本上留出笔算的空间,然后把笔算的过程清楚地写下来。但是如果我什么也不说,就会有学生忽视这个环节,随便找个地方密密麻麻地算一遍。因为字写得太小,所以有时自己都看不清楚。这样就容易陷入计算错误的恶性循环。还有一些学生，如果不严厉地跟他们强调说："不可以把笔算过程擦掉！"他们就会全部擦掉。

擦掉笔算过程主要受三方面错误认识的影响。第一，笔记本要保持整洁。第二，不愿意看到自己的错误。第三，觉得心算显得自己更厉害。

有时一些同学的答案数字正确，但是小数点的位置却不对。我很遗憾地对他们说"真可惜"，他们却不知道重新检查一遍，反而把笔算的部分全部擦掉了。似乎觉得这样的地方算错了很不好意思，所以想赶紧把错误的地方抹掉。但如果能认真检查一遍当时的笔算过程，就可以发现"原来是这样啊，仅仅是小数点的位置错了啊"，所以不检查真是很遗憾。

语文的阅读题也会出现同样的情况。例如，要求选取文章中的一句话作答，有的同学句子写对了，但是标点符号却点错了。老师看到后说："真可惜呀！"他却因为不好意思把当时写在试卷上的答案全部划掉了。

当重新检查什么地方错了的时候，如果没有保留答题过程，就不得不重新思考当时是怎么答的，错在了什么地方。不知道是不是受到游戏结束后按重置键重新开始的影响，很多学生都有这样的倾向。

"圆珠笔学习法"曾经流行一时，从保留思考过程有利于检查错误这方面来考虑，确实能对学习起到帮助作用，我想这种学习方法是有一定道理的。在上数学课或者做计算题时，我要求学生不准使用橡皮，结果全班同学的计算速度都提高了。有时候用橡皮擦来擦去完全是浪费时间。当孩子在家学习时，请各位家长也尝试不要让孩子总使用橡皮。

改变记笔记的方法，对生活也会产生影响

如果一个学生在记课堂笔记上下功夫，就会萌生积极努力、认真听老师讲课的意识，把学习转换成主观上愿意做的事情。

当然，这里所说的下功夫，并不是让学生下功夫装饰笔记的外观，而是为了复习时翻阅方便，想办法用适合自己的方式把笔记记得清晰完整。笔记是把课堂信息进行整理并储存在一起的工具，因此整理的时候要条理分明、重点突出，不要让人看完找不到主要内容。

记笔记不是把老师讲过的话一字不差地记录下来，而是把老师通过这番话真正想要向学生传达的内容记录下来，学生一定要有这样的意识。有了这种意识，笔记就会与以前大不相同。在今后的人生道路上会接触各式各样的人，了解对方语言背后真正想要表达的意思，多积累这方面的经验，可能比课堂上学到的知识本身更重要。

一点建议：

- 无论阅读，还是记笔记，都不要以词为单位，要有整句的意识。
- 板书是对课堂内容的概括，要一边用大脑记，一边写在笔记本上。
- 记笔记的目的不是做出漂亮的笔记本，而是为了以后复习时能有一套清晰完整、可以充分利用的学习资料，因此在这方面下功夫才是最重要的。

☆ 好的笔记——突出重点

> 基本构成：标记日期，左侧空出一部分进行主题划分。
> 将重要的句子等用彩色笔标记出来，使其更显眼。
> 想方设法让重要的部分看得更清晰，这一点做得很好！

☆ 好的笔记——写感想

> 为了以后看时方便，加了一些标题和感想。一边思考一边听课，把思路记得很清楚，这一点做得好！

☆ 好的笔记——记下题错在哪里

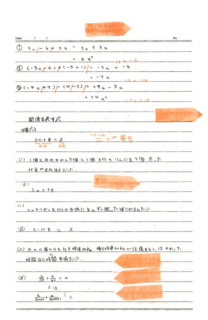

利用标签记录错题的原因，方便确认错误之处，这一点做得很好！

左侧留出空白，写出错误的原因，这一点做得很好！

☆ 不好的笔记

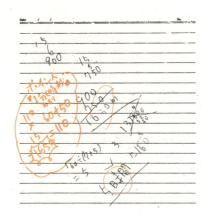

字迹歪斜,过后再看根本不知道写的是什么,备忘录和应该保留的内容混在一起。

看起来好像写得很整齐,但是没有空栏和留白,看起来比较费劲,有错误也不易修改。

写得过于紧凑,看着费劲,错题只有答案,没有写明错误的原因。

和最前排的学生相比，
最后一排的学生，老师看得更清楚

教室里无论坐着多少学生，老师站在讲台上都能清楚地看到每一个学生的脸。哪个学生在集中精力认真听讲，站在讲台上可以一目了然。

前排的学生因为和老师的距离很近，所以总有一种被老师盯着的感觉，会处于紧张的状态。而坐在后排的学生心里可能想："离老师这么远，老师看不见吧。"于是课堂上经常心不在焉。

但是站在讲台上的老师看得最清楚的不是前排的学生，而是坐在教室后面的学生。上课时大家都面向前方，只有后面的学生低着头，做一些和上课无关的事情，这在老师看来非常显眼！

上课时，我经常对学生提出一些要求，比如看这里、马上做这道题，等等。那些觉得自己被老师盯着的前排学生，最先做出反应，马上开始行动。而坐在教室后排的学生，大多数都是在看到前排学生行动之后才开始行动的。

如果学生为了不让老师看见，而特意坐在教室后面，请家长建议他"有机会站到讲台上看看教室后面的座位吧"，俗话说"百闻不如一见"。最后请告诉孩子："即使坐在教室的后面，也不能躲避老师。而且这样做很难认真听课，实在是没什么好处。"

第三章 如何让孩子在家也能认真学习

作者：原里美

毕业于津田塾大学学艺（学术和艺术）学部。生活中性格开朗，课堂上要求严格，深受学生与家长的信赖。教学过程中讲究因材施教，对不擅长数学的学生指导细致入微，对擅长数学的学生布置有深度的作业，提高学生的思维能力。

01_
良好的生活习惯决定学习质量

为什么有些孩子在家不能认真学习

我曾经问过一些在家不能认真学习的孩子:"为什么在家不能好好学习呢?"

虽然未必是准确的数据,但据我所知,孩子在家不能认真学习的原因主要有三个。

排在第一位的原因是"在家学习容易犯困"。很多学生放学后会在学校参加社团活动,社团活动结束后到家已经很累了。虽然想学习,但是看着书本不知不觉就睡着了。再加上有时候还被妈妈批评:"怎么又睡着了呢!快点起来学习!"这样一来更没有学习劲头了。

排在第二位的原因是"在家不能集中注意力"。虽然人坐在书桌前面,但不知什么时候就走神了。

排在第三位的原因是"忍不住看电视"。我感觉现在很多孩子喜欢玩游戏、看电视,总是不由自主地想玩一会儿。

了解自己的作息模式，改善生活习惯

☆ 在家一般学习多长时间

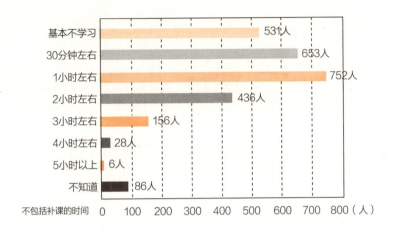

我又问了一些在家能认真学习的孩子："你们在家是怎么学习的呢？"我想大家基本都要参加社团活动，实际上都挺忙的，那么学习时犯困应该也都一样吧。

但是，这些孩子回答时说："困的时候就睡觉，不困的时候就学习。"他们自己能够把握一天中不困的时间段。例如，结束社团活动刚回到家时不困，刚洗完澡时不困，等等。那么就把这些时间段利用起来学习。他们还有一个共同之处就是不长时间地学习，每30分钟左右休息一会儿。

也就是说，能在家里好好学习的孩子都是能管理好自己的孩子。他们每天的生活和学习很有规律，基本上都是在规定的时间段学习。就像棒球名将铃木一郎在训练时那样，建立起适合自己的黄金作息模式。

这些孩子除了一周固定的日程安排外，考试之前的复习计划也都经过周密的考虑，形成了一套规则。比如考试前三周开始复习，前一周完成学校布置的学习任务，最后一周用来背各科的学习内容等。

☆ 确立自己的黄金模式

像这样了解自己的作息模式，在此基础上改善生活习惯，自然而然就能在家好好学习了。

一般什么时候容易犯困

如果因为犯困导致在家不能好好学习，那么就要知道一般什么时候容易犯困。首先就是睡眠不足的时候，然后是没有兴趣的时候。如果没有兴趣，思考就会停止。无论怎么想都想不明白时，大脑就会对思考行为产生抵触，拒绝继续思考。"知道必须学习"→"但是学不明白"→"觉得没有意思、无聊"，就容易犯困。

答题的时候也是一样，如果都是自己会做的内容，就会觉得很有意思，愿意往下做。但是如果一下子接触难度较大的题目，总被不懂的地方难倒，即使做了也没有成就感，那么就难以长时间地集中注意力。也许从自己能顺利解决的问题开始做起，就不容易犯困了。

练习题一般分为基础题、应用题、拓展题和考试题等几个阶段的内容。在自己不擅长的学科领域，突然接触难度较大的题目，不管学习劲头如何都很难顺利作答，在这种情况下犯困也是理所应当的。因此我认为学习的时候从哪个阶段练习开始做很重要，要根据学科、单元难易度的不同进行适当的调整。

另外，给自己定一个小目标，"再做一张试卷，今天的学习就到此结束"等，当自己能看到"终点"的时候，学习就不困了。

也就是说，只要对学习产生兴趣，并且设定了最终目标，就不容易困了，也就能在家好好学习了。

让孩子拥有自我意识，并去体验成功

当我进一步向成绩好的孩子询问："为什么你们能学得那么好呢？是因为你们喜欢学习吗？"他们很多人都回答："实际上我并不是特别喜欢学习。"促使他们学习的动力是"自我意识（自尊心）"。因为周围的人都说自己学习好，所以如果考试是5科，他们不允许自己的总分低于400分，不允许自己低于设定的目标。如何让孩子在成长过程中形成这样一种自我意识呢？**我认为让孩子感觉到"只要我努力了就能做好"是非常重要的。**一般来说，小时候有过成功体验的孩子往往都很坚强，这样的孩子以后会一点点养成自主学习的习惯。**人自身的成长是提高学习能力的关键，**当孩子一点点长大，当他自己想"我要成为这样的人"，他的学习成绩就会越来越好。

一点建议：

- 让孩子确立自己的学习模式。
- 让孩子自己感受哪个时间段能集中精力，提高学习效率。

- 孩子一旦体验到只要学习就能取得好成绩，他的自我意识（自尊心）就不会允许自己在这个基础上退步。让孩子具有这样一种自我意识是非常重要的。

02_

在规定的时间坐在书桌前

不管怎样都要在规定的时间坐在书桌前

如果孩子在家不学习，那么不管在什么情况下，都要让他在规定的时间坐在书桌前。"学习了吗？""我本来想学习，妈妈这么一说又不想学习了。"类似这样的情景对话，想必在很多家庭中都曾上演过吧。要想避免这种毫无意义的对话，事先规定好学习的时间就可以了。需要注意的是，让孩子自己决定学习的开始时间很重要。

最开始的时候如果孩子不学习，请家长暂且什么都不要说。总之，先让孩子主动养成到规定的时间就坐在书桌前的习惯。培养在家也能认真学习的孩子，首先从习惯养成开始。坐在书桌前，就没有其他事情可做，在这个过程中渐渐地孩子就开始学习了。

一些成绩不好的学生，就是因为没有养成在规定时间坐在书桌前的习惯。如果能够做到这一点，总有一天他会体验到其实自己能学好，因此会变得自信。

从小目标开始努力

一开始目标不要定得太大，这是重点。"学1个小时吧""做10页练习吧",类似这样,学习要循序渐进,不可以贪多。

坐在书桌前的时间,刚开始不要太长。大家都看过跨栏比赛吧,如果降低跨栏的高度,选手就能坚持向前多跑一会儿。学习也是一样,先设定一个小目标,比如"在书桌前坐 10 分钟",也是可以的。

请妈妈们在规定的时间,确认一下孩子是否就座了。也可以提醒孩子学习开始时间"×点了啊"。还可以看着孩子的眼睛,再看看手表,这种什么也不说的做法很有效。先让孩子自己意识到学习的时间到了,然后让他自觉地开始学习,这样做会更好。

即使规定了 20:00 开始在书桌前坐好,有时也会过了 20:00 才开始学习。如果是这样,第二天到孩子学习时不要用严厉的口吻对孩子说:"你昨天是不是晚了!"而应该用开朗明快并带点儿幽默感的语气对孩子说:"昨天是 20:15 开始学习的吧?"相同的内容,完全可以采用不同的表达方式。很多时候请父母一定要冷静,换一种表达方式,就可以既不打消孩子的学习积极性,又让孩子明白父母对他的关心。其实在这种情况下,只要向孩子传达出要遵守时间这样一个信息就可以了。

比起强制性地要求孩子做什么,父母更**应该理解孩子,和孩子产生精神上的共鸣**。当孩子忙得不可开交的时候,父母一定要理解他,"既然决定了 20:00 坐在书桌前学习,就要坚持下去",请这样鼓励孩子吧。

如何保持坐在书桌前学习的习惯

孩子开始学习以后,**无论他在做什么妈妈都不要插嘴**,这是让孩子坚持下去的诀窍。明明已经开始学习了,孩子却不动笔往下写,有的妈妈就会担心。其实孩子的手虽然停了下来,但可能学习并没有停下来,因为他是在思考。

想必妈妈们也有过这样的经历，望着堆积的家务，虽然心烦但不得不硬着头皮去干，没想到干的过程中反而来干劲儿了。孩子学习也是一样，无论开始学习前怎么磨磨蹭蹭，一旦坐在书桌前就会出乎意料地产生学习的劲头，然后坚持学下去。**即使觉得麻烦也要着手去做**，这是非常重要的。

前一天晚上，把第二天计划要看的学习资料翻到准备看的那一页，也是一个好的学习方法。这样的话，第二天坐在书桌前就能马上进入学习状态。先迈出第一步，之后就比较容易进行了。

另外，可以**把目标设定得小一些**。比如，今天完成一页计算卷。如前文所讲，能看到"终点"，人就不会感到困倦。也就是说，注意力不被中途打断，认真学习的状态就能持续得更久。

让孩子养成做学习记录的习惯，**把每天的学习时间记下来**，也是让学习持续下去的有效方法。这样做与盛行一时的录音减肥的想法是相同的，只记录开始时间和结束时间。坚持这样做记录，渐渐地孩子就不希望因为哪天没在家学习而让记录本上出现空白了。如果**让孩子自己做记录，他就会切身感受到坚持下来的成就感**，产生继续做下去的动力，学习时间也会变得越来越长。

☆ 坚持每天坐在书桌前学习的窍门

缩小学习目标，记录学习时间

在我们学校，老师给中小学生布置了一项任务，要求他们每天按自己规定的时间坐在书桌前。同时要求他们不管在什么情况下至少在书桌前坐 15 分钟，还要每天做记录，然后让父母签字，每个月提交一次。这样坚持 3 个月，就算完成任务。因为根据我们的经验，能坚持 3 个月，就能养成习惯了。

令人惊讶的是，最后完成任务最好的并不是中学生，而是小学低年级的学生，然后是高一个年级的学生，接下来是再高一个年级的学生。由此我深切地感受到，习惯要尽早抓，趁热打铁是非常有效果的。

让孩子尽早养成坐在书桌前学习的习惯吧。小学阶段形成这样一个学习习惯最为理想，如果没能做到，就请从现在开始马上行动吧。

一点建议：

- 让孩子尽早养成每天按规定时间坐到书桌前的习惯。
- 妈妈只需要确认一下学习开始的时间，然后默默陪伴就可以，其他的事情就不要多管了。
- 学习时间的长短以及学习内容的多少，都没有关系。重要的是让孩子带着明确的目标，成功地体验一次在家也能好好学习的过程。

03_

主动学习很重要

重要的是意志！勉强学习没有效果

有这样两个学生：

A 同学期末考试 5 科总分提高了 100 分左右。我请他介绍经验，首先问:"是不是在学习上投入的时间和精力比以前增加了?"他回答说:"确实是这样。但主要是因为我知道主动学习了。"

B 同学被家长强制性地送到补课班,非常不情愿地学习。虽然学习时间增加了,成绩却没有像期待的那样有所提高,这是因为 B 同学的学习态度不主动。

虽然学习时间增加了,但如果不是出于学生本人的意志,学习是不会取得好效果的。对学习没有积极性的学生,即使强迫他学习,最终他也只是为了学习而学习。这种形式上的学习根本没有用心,学的时间再长也没有意义。B 同学就是这样一个典型的例子。

切忌为了交作业而学习

☆ 成就感和意志的循环

孩子体验到成就感,就能按照自己的意志学习

孩子在做学校布置的作业时,每个人的做法都不一样。考试分数不高的孩子,大多数会把完成作业、提交作业当成学习的目的,因此作业题只做一遍。相反,那些考试分数高的孩子,很清楚作业的重要性,能

主动利用作业来巩固知识的掌握程度。他们通常在考试前一周把作业做完，剩下一周时间用来背各科知识点，把错过好几次的题在考试之前再做一遍，总之会准备得非常充分。对他们来说，重要的练习题做三遍是很正常的。

把形式上的学习和真正意义上的学习区别开来的是人的意志（也就是主动性）。"因为是学校布置的作业，所以要完成"，抱着这样的想法去学习，在学习过程中是不会有主观意志的。这样的学习仅仅是形式上的学习而已，当然达不到提高成绩的效果。

在中学阶段，很少有孩子因为对某一学科真正感兴趣而产生学习的动力。能感受到一门学科的乐趣，我想大概要等到上大学以后。有的中学生之所以能感受到学习的乐趣，主要是因为"只要努力学习就能学会""成绩排名有进步了""考试分数提高了"等感受带来的成就感。反过来说，当孩子体会不到成就感时，就不会感到学习有趣。学到一定程度就能学会，再学到一定程度就能学好，这样学起来才会觉得有趣。因此，无论学什么首先都要付出一定的时间和精力，否则就无法体验到学习的乐趣。

即使是小小的成功，也要让孩子体验到成就感。成功的体验越多，学习就会变得越有趣，渐渐地孩子就能按照自己的意志学习了。

一点建议：

- 只有按照自己的意志努力学习，成绩才能提高。
- 如果能体验到学习进步带来的成就感，就会觉得学习很有趣。

04_

摆脱心不在焉的学习状态

没有明确的目标，学习会半途而废

我和学生家长单独谈话时，有家长问我："我家的孩子每天都坐在书桌前学习很长时间，他这么努力，为什么成绩没有进步呢？"

并不是没有学习，为什么有的孩子成绩却没有提高呢？对此，我也感到不解。为了寻找原因，我一直在自习室观察那些学习成绩停滞不前的孩子，观察他们的学习方法。结果我发现他们检查作业的方式存在问题。

那些成绩没有提高的孩子，做作业用了两个小时，但最后只匆匆检查了一遍，甚至还有的孩子做完作业后根本不检查。

这种敷衍了事的学习状态，我们称之为"人在心不在"。为了避免出现这种情况，做完作业后认认真真地进行检查是非常必要的。

那些学习成绩好的孩子，每做完一页作业，就要对照答案检查一下。通过缩短"答题→检查"的周期，及时发现自己存在的问题。

选一本练习册，反复做三遍

讨厌学习，又不讲求学习效率，就会导致怎么学都没有效果，渐渐地陷入失去学习兴趣的恶性循环中。

毫无目的地买很多练习册也没有意义。相比给孩子买三本练习册，不如让他选一本练习册，反复做三遍。不仅做懂，而且做透，这样对学习更有帮助。如果给孩子买很多本练习册，容易导致学习只停留在形式上。

选一本练习册，反复做三遍，会学习的孩子是这样做的：

①第一遍了，解自己什么地方没掌握好；

②第二遍，把因为没掌握好而做错的题再做一遍；

③第三遍，在考试之前再看一遍。

这种做法看似笨拙，实际上是非常有效率的，会学习的孩子深知这一点。

通常第一遍正常答题就可以了，第二遍把以前做错的题重新再做一遍。成绩不好的孩子却不肯这么做。他们觉得把错误的题重新做一遍太麻烦，很多孩子想避开这个环节。但实际上相比投入的时间，这样做可以取得事半功倍的效果，一定要让孩子将这种学习方法付诸实践。

不要用红笔写答案！不要在做错的题上打"×"！

听说很多学校要求学生把正确答案用红笔写在试卷上。的确，这样做无论是作业本还是试卷都能整理得清清楚楚。但正因为用红笔写，孩子很容易把这道题的做法背下来。另外，重新做的时候很容易看到答案，孩子可能就不再多加思考。所以请建议孩子不要用红笔写答案。

可以在答对的题上打"√"，但是有些情况下不要在做错的题上打"×"。练习册中打太多的"×"，翻开一看都是自己的错误和不足，恐怕会降低孩子的学习积极性。

孩子平时不愿意做的练习册，可以当成竞赛题来挑战一下，这样反而会激发学习的动力。当孩子都答完了准备开始检查时，可以让他预测一下自己的得分。孩子可以通过预测判断"这道题应该是对的,那道题的答案有点奇怪,可能做错了",这样能促使孩子自己思考究竟掌握了多少内容。这样做还可以让孩子发现自己是真的明白了,还是偶然猜对的。

避免学习时心不在焉

只要孩子能稍微改变一下自己的想法,就可以避免学习时心不在焉的状态。问题的关键是如何看待学校老师布置的作业。是把它当成一项任务来完成,以提交作业为目的,还是把它当成提高成绩所必须进行的练习从而认真对待呢?对待作业的态度不同,学习效果当然不一样。

每个孩子都有自己的想法。"反正也得花费一样的时间,就慢慢地学习吧""我一定要把成绩提高上去",想法不同,结果自然也不同。

摆脱不自信——向小孩子学习

☆向小孩子学习, 直到练会为止!

为了摒弃"学不会"的偏见,反复练习,直到练会为止!

我们小时候练习骑自行车,就算跌倒了也不会觉得自己没有骑自行车的天分。相反那时候都觉得自己一定能学会,跌倒了爬起来还会继续练习,没有人中途放弃,最后大家真的都学会了骑自行车。

到了中学阶段可能经历的事情多了,会受到一些负面经验的影响,学习时就会产生"自己某一科目学不好"的偏见。带着这样的偏见去学习,可能真的会出现学不好的结果。

小孩子学骑自行车,摔一次以后不会觉得自己不行,也不会就此放弃。其实学习和练习骑自行车一样,**只要全力以赴地去做,剩下的事情就简单了**。

我在指导那些没有自信的孩子时,先让他们**从自己擅长的科目开始提高学习成绩**。哪怕一科也好,只要有了自己擅长的科目,剩下的就是把这科的学习经验推广,应用到其他科目上。父母习惯用总分来要求孩子,所以经常会说:"把目标定为400分吧。"如果孩子有擅长的科目,**请只设定这科的目标分数**。"你擅长哪个科目?"这样问完孩子后,试着建议孩子说:"这科你的目标是多少分?接下来就把奋斗目标集中在这门科目上吧。"像这样先培养出学习一门科目的自信,其他科目也会被这门科目带动起来,从而实现总成绩不断提高的目标。

中小学生为什么会喜欢上某一门科目呢?特别是语、数、外等科目,与其说是因为喜欢这门科目的内容,不如说是因为这科成绩好,所以才喜欢。不会做数学题,但是却喜欢学习数学,这样的孩子怎么可能存在呢?

孩子上自习的时候,如果不做要求,学什么都可以,大家一定都从自己喜欢的科目开始学起,把不擅长的科目往后排。而且都想在尽可能短的时间内完成不擅长科目的学习,最好以后再也不要接触这门科目。其实,这都是人之常情:如果是擅长的科目,本来掌握得就好,就不必花费太多时间。但如果付出一些时间和精力去学习,就能取得更好的成绩，从而更加喜欢这门科目。因此，首先把精力集中在擅长的科目上是很重要的。

没有量的积累，就没有质的变化

在这个问题上我想会有赞成的，也会有反对的，但最终的结论是学习的质量比数量更重要。尽管如此，如果没有量的积累，就无法实现质的飞跃。对孩子而言，让他们积累经验是绝对必要的。要找到适合自己的学习方法也需要量的积累。比如，在英语单词测试中，分数低的孩子一定没有充分准备。学习习惯好的孩子就像运动员具备基本体能一样，具备了学习的基本能力，掌握了背诵的方法和技巧，而不擅长背诵的孩子就不具备这种学习的基本能力。在熟练掌握之前，记忆力的训练是很必要的。养成直到背下来为止的习惯，就能够减少拖拖拉拉应付学习的现象，学习所需要的时间就会渐渐缩短，进而孩子会变得更加努力地去寻找更有效率的学习方法。

自己制订计划并付诸行动

制订计划最好量力而行，大概写一下就可以。如果计划超出了自己的能力范围或者计划过于细致，一旦不能按照计划执行，就容易对学习感到厌烦。有些孩子热衷于制作漂亮的计划表，以制订计划为最终目的或者因为制订计划而感到满足，这些都是应该注意的。

只要以提高成绩为目标，并能一步一步地向前迈进，什么样的计划都可以。执行计划时要对照计划表进行确认"啊，这样的话时间就不够用了""看来时间还挺充裕"，要在实践中总结经验，再根据实际情况进行调整。

上初中后的第一年,可能会出现计划落空的情况。初中一年级大型考试共计 5 次,孩子可以有 5 次制订复习计划的机会。如果其中失败了几次,那么总结经验教训,到了初二就能做好计划了。根据复习范围的大小,考试科目的多少,学习时间的分配可能会变得越来越复杂。我确实感觉到如果考试前需要背诵的科目增加了,不提前三周进行复习的话,恐怕是来不及的。同学之间可以互相了解一下,那些提前三周开始复习准备的孩子,成绩普遍都不错。根据我的观察,三周的复习准备时间对于初中阶段的大型考试还是非常必要的。

总之,要**按照自己制订的计划执行,发现问题并结合实际情况随时进行调整**,抱着这样一种从容的心态来制订学习计划吧。

妈妈的鼓励可以创造学习契机

☆妈妈通过与孩子对话创造学习契机

孩子能否养成在家学习的习惯,关键在于家人能否创造让孩子主动学习的契机。为孩子创造学习契机,什么时候都不会晚。只要有这样的契机,无论何时孩子都能在家进入学习状态。

通过有目的地跟孩子对话创造学习契机，是父母能够给予孩子的支持。"升入二年级了要努力啊""马上就要放暑假啦，加油啊"，进入新学年或者寒暑假前后是与孩子这样讲话的好时机。其实只要父母用心，随时都可以创造出这样的机会。

上初中以后，父母不能再像小学时那样一直在旁边看着孩子学习了。虽说如此，可能也有上了初中后希望父母陪伴的孩子。还有一些孩子，他们想让父母知道自己做了什么，会主动说"我今天学习了一个小时""我已经做完作业了"等。请仔细观察孩子的性格以及状态，采取灵活的方式应对。

有些孩子为了改掉在家不学习的坏毛病做了很多努力，当他们有了进步时，都迫切希望父母知道自己跟以前不一样了。这时父母不要认为学习是应该的，请对孩子说："今天你很努力，明天也要加油啊！"谁都想得到周围人的认可，尤其是身边关注自己的人，这也是理所当然的，而且这种想法不会随着年龄的增长而改变。

需要注意的是，孩子一旦养成了在家学习的习惯，并且流露出不希望大人管教的想法时，请在孩子学习的时候和孩子保持距离，静静地在不远处守候吧。

通过输出找出自己的不足

每个孩子都有自己不擅长的科目，为了学习这些科目，降低对自己的要求很重要。学习往往都是从输入式学习开始的，即按照顺序阅读课本中的考试范围，但我在这里推荐的却是解决突然提出来的问题的"输出式学习方法"。

即使是不擅长的科目，也应该有已经掌握的内容，绝对不是从零开始的。既然试卷由问题和解答这两部分组成，那么我们就有必要针对这种形式进行训练，考试时能多答出来一道题就多答一道题。

如果孩子觉得考试题太难了，就降低一个标准，从作业中的习题开始练习。如果孩子自己也没搞清楚哪里不懂，就从明确不懂的问题开始练习。可以一边答题一边进行过滤，把不懂的问题筛选出来。

某个单元的知识都掌握了吗？解题方法都明白了吗？可以让孩子利用一问一答的问题集等进行确认。

自学时看讲解的窍门

有的孩子向我咨询："看不明白习题的讲解该怎么办？"我前面也提到过，很多孩子学习时心里总想着"我不会""反正我也做不到"，这是因为他们并没有仔细看讲解。必须让他们跨过这道心理障碍。

这种情况下，如果和孩子一起再读一遍，很多孩子就会突然发现："啊，原来是这样啊。"有一个人和自己一起看讲解，读懂的内容就会增加很多。通常有第三者在的话，孩子想看懂的迫切心情就会比一个人看的时候要强烈。另外看讲解时，**不要纠结看不懂的地方，要把视线先集中在能看懂的地方，这点非常重要**。

讲解不可能全都看不明白，孩子要清醒地认识到这一点，是从第一行开始就看不懂，还是第二行或者第三行有问题，这都需要孩子自己去发现。对于老师课堂上讲过的内容，多少还应该有一些印象。在此基础上，如何去摸索理解问题的关键，需要孩子自己去思考、去实践。如果能掌握这种探索的方法，就能够一个人看懂讲解了。

当孩子看懂一道题的时候会非常高兴，特别想告诉别人自己看懂了。如果孩子说："我看明白了这道题"，请父母一定认真听孩子讲，这样他在自学到新知识的时候还会愿意跟你分享。尤其是平时不怎么说话的孩子，如果能主动讲给父母听，是非常难得的，请一定表现出感兴趣的样子认真听，可以一边听一边说："是吗，学会了这么多啊。"

希望父母在孩子发出某种信号时不要视而不见，要积极地回应孩子。这样一来，孩子就会发自内心、积极主动地去学习。

能在家里进行的问答复习法

当孩子回到家时，经常问一问"今天在学校学到什么了""学了哪些内容"，这样即使不让孩子重新复习，也可以起到复习的作用。建议父母把这些当作日常对话的一部分，轻松愉快地和孩子进行交流。

在每天接送孩子的路上，也可以在车里问："今天老师都讲什么了？"这样也可以起到复习的效果。孩子一旦被问到这个问题，即使当时在想别的事情，过后也会在脑海中回忆一下今天老师讲了什么。

给学生进行单独辅导时，我经常做的一件事情就是讲完后对学生说："这次老师当学生，你来当老师再讲一遍吧。"别小看这么做，给别人讲题时学生从被动（输入）变为主动（输出），在这个过程中知识得到了巩固，理解和记忆也都加深了。

因此先问问孩子学了什么，如果孩子学的知识妈妈不太了解的话，那就进一步问问："能给妈妈讲讲吗？"也许这也是个办法。

父母告诉孩子这些具体的方法或者提建议时，有一点需要注意，那就是说的时候请补充一句"××学校的老师这么说过""××书上这样介绍过"。**从客观的、第三者的角度出发，能够增加说服力，更深刻地影响孩子。**

> **一点建议：**
>
> - 建议孩子不要用红笔写答案，错题不要打"×"。
> - 让孩子把擅长的科目学好，不擅长的科目要明确地知道哪部分没掌握好。
> - 养成"学就学到明白为止""背就背到记住为止"的习惯，这样才能培养学习的基本能力。
> - 当孩子说起读懂了什么、学到了什么以及被老师表扬等类似的话题时，父母一定要认真听。
> - 问问孩子"今天学了什么"，也可以起到引导孩子复习的作用。

05_
导致孩子失去学习动力的话语

没有被命令而主动学习的孩子

我想每位父母都希望孩子在家好好学习，于是一不注意就冲着孩子喊"好好学习""作业做完了吗"之类的话。被父母命令的时候，很多孩子可能会极不情愿地去学习，这种情况下学习无法全身心地投入，学习进度也会很慢。我想应该没有孩子接到父母的命令后，会主动产生学习的想法。

★导致孩子失去学习动力的话语

第一，命令孩子
"去学习！"

"再快一点!"

"再多学一会儿!"

第二,否定孩子

"傻瓜!"

"你不行啊!"

第三,带有讽刺意味的疑问

"你是在学习吗?"

"什么时候才能开始呢?"

第四,和别人家的孩子做比较

"大家可都在学习呢!"

"××家的孩子学得那么好,你怎么回事?"

＊具体调查结果请参照附录。

不要使用负面表达

当孩子学习累了,有点泄气地说想偷会儿懒的时候,有的妈妈就会不高兴地说"那样的话就别补课了""你再这么说,我就把游戏机扔掉""如果不学习,就别参加社团活动了""周末我再也不让你出去玩了"等负面性的话语。孩子都不愿意接受威胁性的话语,没有孩子会因为这样一番教训而想要努力学习,也没有孩子会因此而反省。这些负面性的话语最容易引起孩子的反感,有百害而无一利。

有的父母认为这些话能起到一定的震慑作用。也许是这样,但是能震慑的对象仅仅限于小学生,对于中学生这套手段完全不起作用。有时候父母明明知道这一点,却无法控制自己,盛怒之下便口不择言了。父母总是希望自己的孩子更好,这种心情我非常理解,但还是请冷静下来,不要对孩子说这样的话。

和别人比较，容易失去学习动力

一定不要拿自己家的孩子和别人家的孩子做比较，也不要和兄弟姐妹甚至自己年轻的时候做比较。我知道很多父母虽然心里有和别人比的想法，但嘴上不会当着孩子的面说出来。但是需要注意的是，即使嘴上没说，在与孩子朝夕相处的过程中，父母的态度以及表情还是会不知不觉地流露出这种想法的，孩子也一定能感觉到。有个学生跟我说感觉妈妈总是拿他跟别的孩子比，即使是同父同母所生，兄弟姐妹也都是不同的个体，具有不同的性格特征。孩子的天性是很敏感的，他们能感受到父母态度中微妙的变化。因此奉劝各位父母，必须在思想中把和别人家的孩子进行比较的想法彻底删除！

一点建议：

- 不要对已经是中学生的孩子说负面性或者威胁性的话语。
- 即使嘴上不说，也不要在心里拿自己家的孩子和别人家的孩子做比较。

06_
巧妙的讲话方式可以激发孩子的学习动力

帮助孩子从"支持型"向"自律型"转变

孩子完成目标后，父母要及时给予肯定，这对激发孩子的学习动力有很大的影响。"你看，不是做得很好吗"，稍微表扬一下孩子，他就会很高兴。如果是小学生，效果更加明显。

有的小学生属于"支持型"，需要父母制订计划，督促他按计划完成，在父母的用心引领下顺利成长。但是这样的孩子进入中学以后，父母一定要帮助他过渡为"自律型"的孩子。

转变的时机在初中一年级。上中学以后，只有初一的考试比较容易取得好成绩，这个时候全家人一起鼓励孩子吧。初中一年级的考试题目不难，每次阶段考试前让孩子认认真真地做好复习，自然就能取得不错的成绩。孩子如果有了这样一种成功的体验，今后的学习也会顺利进行。能够让孩子做到自律是最理想的状态，因此我反复强调早期培养孩子认为"我可以做到"的自信心是很重要的。

★让孩子充满学习动力的话语

第一，支持

"加油！"

第二，肯定和表扬

"真厉害！"

第三，鼓励

"只要做就能做好！"

第四，奖励

"得××分就奖励××。"

第五，畅想未来

"为自己的未来加油！"

＊具体调查结果请参照附录。

理解孩子是考试结束后对孩子最大的支持

孩子考试没能取得理想的成绩时，父母最容易犯的错误就是不停地翻旧账，"我不是跟你说过要好好复习吗"，很多父母都会这样指责孩子。考试已经结束了，再怎么说结果也已经无法挽回，对过去的事情孩子也无能为力。考完试后对孩子发牢骚没有任何作用，只能让孩子失去学习动力。

我曾经问过学生："什么时候能让你产生学习动力？"学生首先回答的是考试前，这个我想大家都能理解。另外一个回答父母可能会感到惊讶，那就是考试结束后。

成绩不好的时候，孩子自己就会想到这样下去不行，必须好好学习。因此考试结束后，<u>他们就会下决心"一定要超过这个分数""下次要取得好成绩"，这是提高孩子学习积极性的最好时机</u>。因此这个时候父母最好不要说多余的话，让孩子自己静一静。如果想说点什么，就对孩子说："这次有点儿遗憾，下次加油！"<u>父母应该理解孩子的心情</u>，和孩子一起为这次没考好而感到遗憾。

也有学生会认真地思考今后在学习上应该怎样做。他们主动找到老师，对老师说："这次没考好，我应该怎么学习呢？请老师提一些建议。"这种情况下，我们老师通常会和学生一起对照试卷，将错题逐一进行分析。我发现这个时候学生听老师讲话最认真。

利用初一来适应新的学习节奏

阶段测试中成绩不太好的孩子可以先把目标锁定在考查范围相对小一些的测试上，比如单词测试或者计算测试，首先争取在这些小测试中取得好成绩。当孩子有进步时，一定要马上对他说"考得很好""没白努力啊"，对孩子通过努力取得好成绩给予肯定。这样孩子就可以同时得到两种成功体验：一是做到之后就能得到肯定，二是通过努力自己可以做到。得到表扬后孩子能更加自信，其实不仅仅是孩子，大人也是一样。自己做的事情能在多大程度上得到周围人的认可和关注，对激发学习和工作动力有很大影响。

孩子有进步时父母只要说一句"太好了"就可以了，没有一个孩子不喜欢被父母表扬。如果孩子说"这么简单的考试取得好成绩是理所应当的"，那么说明他已经建立起了"努力学习→取得好成绩→体验成功→获得自信"的良性循环。这时候，就衷心地对孩子说一句"太好啦"。

初二是逆转的机会

初中二年级的第一次家长会上，我对家长们说："孕育着机会的一年到来了，从现在开始请大家振作起精神吧。"对于初一起跑时没能冲到前面的孩子来说，初二是逆转的机会。到了初二社团活动也忙了起来，中学的校园生活也都适应了，一般把这一年称为"中途松弛期"，很多孩子不像刚上中学时那样努力了。正因为如此，在这一年努力更容易出成果。只要孩子自己有意识地努力学习，就能够赶上周围的人，并且渐渐地拉开差距。

即使到了初二，甚至初三，依然有很多孩子希望得到老师和父母的表扬。"很棒啊"，哪怕只有这样一句话，他们也会觉得很高兴。孩子长大后，亲子之间尤其是父子之间可能觉得这样说话有点不好意思，但是为了孩子，当他有进步时请父母认真地看着孩子的眼睛，用发自内心的喜悦真诚地表扬一下他吧。

发现孩子的优点时由衷地为他高兴

每次考完试以后为了了解孩子们的具体情况，我都会问他们："妈妈对你说了些什么？"于是我发现孩子们的脑海中留下的都是"理科真遗憾啊""希望数学成绩能提高"之类的话，都是一些关于考得不好的科目的评价。关于考得好的科目，父母好像很少说什么。虽然我能理解父母都希望孩子各科综合发展的心情，但是我觉得应该对孩子考得好的科目说一句"看出来你努力了，考得不错"。

想必每位妈妈都有过类似这样的亲身经历，在读书时好不容易有3科都取得了不错的成绩，但偏偏因为有1科没考好而受到了责备。希望各位父母不要这样做，应该对孩子通过努力取得好成绩的科目给予表扬。前面讲过先把擅长科目的成绩提高上去，当孩子的优势科目不断得到表扬，他就会想办法把劣势科目的成绩也提高上去。孩子比父母能更清醒地认识到，对于自己不擅长的科目必须要努力学习。

有时候用不着生气，只要带着遗憾的口吻说一句："这个有点……"孩子就会明白。当孩子取得好成绩时，不要联想太多的事，更不必说多余的话，只要对孩子说一句："这个分数真棒"就可以了。

有的孩子本来考得不错，但父母看完试卷总是说："哎呀，字写得太乱了，名字能不能好好写呢？"他们的目光总是容易停留在孩子的缺点上。父母也不能太贪心，要求孩子样样都好是不可能的，请用欣赏的目光去寻找孩子的优点吧。

即使考试的分数很低，答题纸上肯定也有答对的部分，请把答对的部分找出来进行表扬。比如数学可以说"计算题答得很好""几何没怎么扣分，上课听得不错"。如果语文阅读理解错得比较多，也先不要提，

"字词部分答得很棒啊",把看到的优点如实地告诉孩子。父母有必要让孩子感觉到"我不是学不好语文或者学不好数学,我只是其中的某一部分内容掌握得不太好"。不要只用分数来评价孩子,父母和孩子讲话时要尽量让孩子意识到,他也有答得好的部分。

不要错过激发孩子学习劲头的时机

"这道题看起来挺难的,可你还是答对了啊",听到妈妈这么说,孩子也许会说:"那道题其实是课后思考题,全班只有两名同学答对了。"这种情况下请用温柔而坚定的口吻表扬一下孩子,告诉他"你真棒"。

我觉得不必每次都看孩子的试卷。那些平时仅凭分数来对孩子做评价的父母,如果能稍微换个角度表扬一下孩子,孩子就会感觉到,父母真的很在乎他,与此同时他的内心也会发生变化。当然也有孩子不愿意把试卷拿给父母看,不想把自己的分数告诉父母,那就请仔细观察孩子的表情、动作和反应,随机应变地采取措施吧。

一点建议:

- 主动跟孩子讲话时要注意内容和时机!孩子想取得好成绩的时候是谈话的好机会。要考虑孩子的感受,不要说多余的话。
- 没有出现期待的结果时,请理解孩子的心情,对他说:"真遗憾啊,加油,妈妈支持你。"
- 要去发现孩子的优点或者做得好的地方,并给予表扬。把考试科目分开来看,把同一科目的不同题型分开来看,这样就一定能找到孩子值得表扬的地方。

07_
调动孩子的学习积极性

不争第一的价值观

就像赛跑中手挽手冲刺一样，最近社会上流行一股不提倡竞争的风潮。英语课本中也写着"不求第一，但求唯一"，而且还编成了歌谣。大家好像都崇尚一种"人人平等，不争第一"的价值观。

我还发现，现在的教育中鼓励孩子向困难发起挑战的事例越来越少了。大家都觉得做不好的孩子很可怜，于是就出现了把跳箱的高度从8级降到4级的现象。无论学什么都是有的孩子学得快，有的孩子学得慢，这些都是正常的。教育就是在意识到这种差异的同时，努力让学得慢的孩子也能学会。

如果学的内容谁都能轻松掌握，那么作业量就会不断减少，而且考试也会一年比一年简单，这是因为学习目标从一开始就设定得太低的缘故。孩子会根据考试的难度来调整在学习上的投入，如果考试题很难，他们为了通过考试就必须在时间、精力上增加学习的投入。相反如果考试题难度不大，他们就不再为达到更高的目标而努力了。

激发孩子的学习热情

我日渐感到人们对做学问的职业热情下降了，但是父母必须把学习的价值告诉孩子，这一点是毋庸置疑的。希望父母能清楚地告诉孩子"学习是一件有意义的事情"。

现在很多人好像不能断言学习将来一定有用。也有一些人认为，即使努力学习也不一定幸福。虽然不能说学习就是一切，但是通过努力学习得到幸福的概率应该是很高的。

虽说学习不一定都能取得好成绩，但那些取得好成绩的人一定都是认真学习的人。

容易被环境左右的孩子需要家人的帮助

直到初二上学期为止，可以说孩子在思想上都不太成熟。如果父母一边嘻嘻哈哈地看电视，一边对孩子说"快去学习"，孩子是无法集中精力学习的。他可能会想，妈妈让我学习，她自己却在看电视。

思想上成熟、自立、学习态度端正的孩子，不管父母做什么都没有关系。但是对于那些还没有体验到成就感，思想还有些幼稚的孩子，家人有必要在他学习的时候给予协助。

到了学习的时间，孩子却迟迟不肯到书桌前坐好，这时家人最好关掉电视，营造出一种学习的氛围。孩子养成了在家学习的习惯后，渐渐地不管大人开没开电视他都能集中精力学习了。

父母也要表现出同样的学习姿态，这种做法非常必要。比如读书或者考取资格证书，只要能和孩子一起努力学习，学什么都可以。

听一个孩子说，他的母亲为了考取资格证书每天都在客厅学习。看到母亲这个样子，那个孩子跟我说："有这么努力的妈妈，我也不能不努力啊。"父母和孩子共享"努力做事"的心情、时间和环境，一定会给孩子带来学习的动力。请各位父母注意，让孩子看到父母努力做事的一面是很重要的。

通过家庭对话让孩子对学习产生兴趣

在家庭中能否有机会进行一些内容丰富的知性对话，对孩子的学习兴趣将会产生巨大影响。父母和子女的对话，能否带给孩子思考人生的启示，对孩子未来目标的选择也会产生巨大影响。

父母非常喜欢书，经常读书，孩子也会对阅读产生兴趣，孩子会在不知不觉中模仿父母。因此不要局限于学校提供的环境，父母在家里也可以创造让孩子对学习产生兴趣的契机。

唤醒孩子对知识的好奇心

我问过一个学生："你不觉得微波炉很奇怪吗？明明没有火，却能加热食物。"他的表情看起来好像并不觉得奇怪，我想可能他已经知道微波炉加热的原理了，就继续问："你说说为什么能加热呢？"可他却回答："因为是微波炉。"

明明是科技让我们的生活变得不可思议，但他却并不觉得有什么奇怪。

这只是一个例子。中学生在日常生活中即使遇到了不可思议的事情，也很少会觉得奇怪。他们通常会不假思索地认为本来就是这个样子的，什么东西拿来就用，从不多想。在信息泛滥的现代社会，各种信息像潮水般涌来，如果不及时将它们处理掉，可能会因为负担过重而无法追赶时代前行的步伐。因此大家可能已经形成了这样的思维模式，不再对各种各样的信息逐一提出"为什么"的疑问。

学习能让我们明白很多生活中的"为什么"，能让我们看到一个原来看不到的世界，能让我们的人生变得丰富多彩。

有时眼睁睁地看着一些不可思议的现象在身边发生，却无动于衷，想想这是非常可怕的事情。为了让孩子能够意识到这一点，父母在生活中有哪些地方觉得不可思议，可以不断地向孩子提问。如果是孩子感兴趣的领域，也可以试着让孩子查找一下原因，"为什么呢？调查之后告诉我好吗？"这时可以有针对性地提出各种各样的问题，他一定会专心致志地进行调查的。

也可以针对孩子的兴趣爱好提出一些问题。比如，可以对喜欢踢足球或者打棒球的孩子问："咦？为什么球偏了呢？"这样一来，他一定会洋洋得意地为你进行专业的讲解。喜欢做点心的孩子如果烤了曲奇饼，妈妈品尝一块后可以对他说："哇，做得太好了！真好吃，教教我怎么做的可以吗？"

相反，如果孩子问"这是什么"，有时即使父母知道也要装作不知道的样子，然后对孩子说："不知道啊，你能告诉我吗？"让孩子自己想办法找到正确答案。

☆家庭对话可以影响孩子的学习兴趣

现代社会生活越方便，人们对生活中感到疑惑的事情就越少。记得刚刚出现网络和手机的时候，谁都觉得不可思议，这些通信设备是怎么连接起来的呢？可是，现在的孩子从出生的那一刻起，就已经置身于这样便利的生活环境当中了。对他们来说这些都是生活中本来就有的东西，他们很容易认为本来就是这样的。请父母去唤醒孩子那颗沉睡的好奇心，让他们重新用好奇的眼光去打量日常的生活吧。我认为这样的事情只要父母用心是可以做到的。

一点建议：

- 父母要告诉孩子学习的意义。
- 亲子对话是培养孩子思考能力的基石。如果父母能和孩子进行广泛的交流，可以激发孩子对知识的好奇心，增强学习热情。
- 想方设法唤醒孩子多问"为什么"的好奇心。

08_

怀着对未来的憧憬主动学习

不学习也不会犯愁的日本学生

最近，孩子承受的压力正在明显减少。即使不学习，也不会有人对他们进行严厉的惩罚。除非以考入重点高中或名牌大学为目标才会努力学习，否则就没有必要那么努力。因为只要对接下来的高中或者大学没有要求，即使不学习，升学也基本没有问题。

但是，这些孩子一旦走向社会就会直面严峻的社会现实。本来在学生时代，就应该培养孩子的抗压能力，遗憾的是现代教育中很多初中和高中都没有为孩子提供这样的锻炼机会，学校的老师对孩子学习要求也不怎么严格，所以孩子都觉得就算学不好也没什么可犯愁的。

孩子的父母也有不勉强孩子学习的想法。社会上也有一股不能给孩子施加压力的风潮。日本的教育这样下去能行吗？面对这种现状，我有一种前所未有的危机感。

遇到困难不逃避，锻炼承受能力

初中一年级的学生父母找我咨询，谈到最多的话题就是孩子兼顾社团活动和学习非常辛苦，所以想等退出社团之后再集中精力学习，现在不想要求孩子太多。

看着以前背着双肩包的孩子一点点长大，现在虽然已经是中学生了，但他们的身体还没有长成，每天这么忙实在太辛苦了，这么一想很多父母不由得放松了手中的缰绳。其实只要让孩子稍微克服一下，他们的身体就会变得健壮，体力也会随之增强，社团活动和学习两者都能兼顾。但是如果在初一放松要求，孩子就会形成遇到困难就跟父母撒娇的思维惯性。

刚上初中的前两个月，妈妈要经常鼓励孩子："现在是锻炼的过程，很快就会适应的，再坚持一下。"不要放松手中的缰绳，请父母也做好支持孩子克服困难的心理准备，这是**培养孩子耐力**的绝好机会。

现在的孩子与父母那一代相比，被严格要求的程度降低了很多，所以遇到什么困难马上就叫苦："我受不了了！我坚持不下去了！"但是，请父母不要惯着孩子的坏毛病。因为今后升高中、考大学、参加工作，不管孩子愿不愿意，经受社会考验的那一刻终将会到来，但这一切孩子自己并不知道。

父母总想让孩子有危机感,好好学习,可是孩子却不懂父母的良苦用心。遇到开心的事就控制不住自己,遇到不愿意做的事情就想方设法逃避。"为了将来,现在别总想着寻开心,好好学习吧",孩子很难会像大人这样考虑问题。正因为如此,父母更需要努力想办法为孩子创造一个适合学习的环境。

时间意外地增加了

我曾经让学生随意写下自己的愿望,因为他们都是来补课的初中生,所以大家都写"希望成绩能够提高",还有的写"希望参加社团活动""想出去玩"等。但接下来又有孩子写"因为太忙了,这些事不可能实现"。

针对这种情况,我告诉学生:"只要减少无所事事的时间,就能做到这一切"。玩的时候玩,学习的时候学习,睡觉的时候睡觉,这样做就会意外地发现时间增加了。

在家学习时的开始时间和晚上的就寝时间,都是应该严格遵守的。时间观念淡薄的孩子成绩也不会有太大提高,而且这样的孩子将来的生活状态也多是随心所欲的。

具体来说,中学阶段的考试,比如英语,只要把课本的内容全部记住,都能取得不错的成绩。如果一天学习 10 分钟左右,能记住 5 个英文单词,持续一个月,就能记住 150 个英文单词。中学英语课本每个单元大约 30 个单词,所以半年的词汇只要用一个月就能记住,只要每天学习 10 分钟就可以了,关键是每天能不能确保留出 10 分钟的时间。

如果能合理地利用时间,可以做很多事情。尤其是在家中,如果能够做到即便很短的时间也能认真高效地学习,只要坚持下去,各方面的能力一定会得到提高。

这样下去，未来将会怎样

对于根本不想学习的孩子，无论讲多少抽象的大道理，再怎么强迫他学习，成绩也不太容易提高。正如前面所述，无论教给他多少具体的学习方法和技巧，如果不能触动他的内心，都是毫无意义的。

面对这样的孩子，不妨让他想象一下未来："以自己现在的状态升入高中、步入社会后，将会遇到什么样的事情？"认真思考之后，孩子就会意识到这样下去可不行啊！他可能会说："如果再这样下去，我想自己的成绩不会提高，长大以后也会面临很多挑战。"

接下来再对他说："请想象一下自己20年以后的样子。一个是非常努力学习的自己，一个是完全不爱学习的自己。哪一个你能让周围的人更幸福呢？"于是孩子就好像坐上时光穿梭机一样，一下子看到未来，"我明白了，学习不仅仅是为了自己。为了20年后能让身边的人幸福，我要成为一个可以依靠的人。"孩子自己就会意识到这一点。

☆通过对未来的描绘，让孩子从现实中觉醒

如果告诉孩子，现在的努力能改变他们的未来，孩子的内心深处就可能会发生变化，就会主动认识到今后应该怎样做。

> **一点建议：**
>
> - 在学生时代就要培养孩子克服困难的勇气和坚忍不拔的毅力。忙碌的状态是促使孩子发生变化的机会。
> - 不要为无聊的事情浪费时间，让孩子学会自己掌控时间。
> - 让孩子想象20年后的自己将会是什么样子，让他主动认识到现在应该做什么。

成绩好的孩子，父母到底该不该表扬

我负责的高级班中有一名成绩优秀的初三男生，他总是表现出一副冷傲不羁的样子，好像在说："不要干涉我。"他很自立，学习习惯好，成绩也没有问题，所以我很少主动和他交谈，也很少表扬他，一直和他保持距离，但却时时刻刻关注着他。

有一次，一个孩子阶段考试进入了年级前十名，我握着他的手说："你这次考了第八名，真棒！"正好那个男生经过我们身边，说了句："我第四名。"就快速地走开了。

"那个孩子也想得到老师的表扬吗？"想到这儿，一瞬间我惊讶不已。即使那种外表冷酷的孩子，内心深处也希望得到老师表扬的呀。

成绩好的孩子在家好像都很少得到表扬。他们的父母觉得成绩好是理所当然的，所以有时就忘记表扬了。但是请不要忘记，成绩好的孩子也是孩子，希望得到表扬的心情都是一样的。

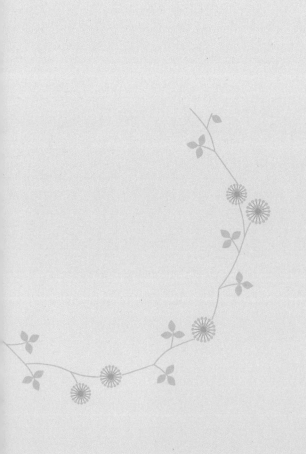

第四章

避免孩子沉溺于手机和电视的方法

作者：佐藤英

毕业于日本东北大学工学部。东北大学研究生院环境科学专业硕士，在法国圣艾蒂安矿业大学（École des Mines de Saint-Étienne）进修博士课程后进入佐鸣补习学校。擅长将难以理解的物理、化学问题的本质通过身边的事物形象地进行解释。指导能力出色，充满亲和力。此外，对国外教育情况也很精通。

01_
保护孩子,避免手机中毒

以前为了看天气预报,人们都特意看准时间把电视机调到相应的频道,那样的年代真是一去不复返了。现代社会人们可以通过手机、电脑以及网络电视,非常轻松地获取各种信息。

不仅如此,现在家人之间、朋友之间的对话也正在减少。有些人不善于处理人际关系,在困难重重的现实世界面前束手无策,无奈只好逃避到虚拟的网络世界。

为了让孩子享受到网络带来的便利,与此同时又不被卷入信息泛滥的旋涡中去,我们应该怎样教育孩子呢?

哪些事情应该由孩子自己决定,哪些事情应该由父母进行管理,如何划清二者之间的界限,下面我们就来谈谈这方面的问题以及具体的操作技巧。

培养孩子不受手机束缚的自控力

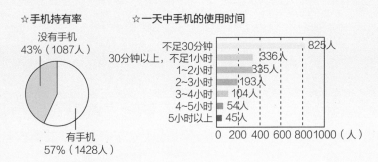

这 20 年间手机的普及率发生了很大的变化，应不应该让中学生拿手机是个无法简单回答的问题，但是我觉得以让学生拿手机为前提来讨论接下来的内容，应该是比较现实的。在这部分内容里，我还将和父母探讨孩子合理使用手机的方法。

现在不用说高中生，就连初中生也把智能手机当作朋友交往的必需品。手机虽然很方便，但因为使用不当导致朋友交往出现问题，或者被手机捉弄得团团转的现象也时有发生。

我经常听到一些妈妈说："不知道孩子在房间里究竟在干什么。"不管孩子在房间里干什么，只要他遇事能够做出正确的判断，然后付诸行动，就不会有问题。关键在于能否培养孩子具有准确的判断力，能否分清好坏。

以前我教过一个学生，当时他的成绩偏差值在 65 左右，后来成绩急剧下降到了偏差值 40，究其原因竟然是手机短信。他是一个知道学习的学生，并且一直都在努力，但是学习的时候一有手机短信发过来他就要回复，回复完再学习，有来信再回复，如此反复，学习受到很大影响。他每天发 100 多条信息，收发加起来一共 200 多条信息（现在有了便利的应用程序，收发信息的效率大大提高了，但当时收发 200 多条信息还是需要很多时间的）。

孩子成绩下降了，妈妈急忙来找我商量。本来可以在家里解决的问题，但由于以前妈妈对孩子唠叨太多，以致后来说什么孩子都不听了。再加上孩子正好处于青春期，不管妈妈怎么说就是不肯放弃手机。妈妈实在急得没办法，于是就找到我这里来了。那个学生为人很好，朋友很多，学习也很认真，出现这种情况他自己也有一种危机感，意识到了这样下去不行。孩子的妈妈也是一位通情达理的母亲，关心爱护孩子，对孩子的教育非常重视。面对这样一对母子，想到孩子又在我们学校上课，作为学校老师我要对他负责，于是我当着他们母子的面，把手机拆毁了。因为手机被我弄坏了，那个孩子无奈彻底告别了手机。

这样朋友问起"为什么不回短信"的时候，他就有正当理由解释了。说手机被父母摔坏了，自己会很没面子。说自己不想再碰手机了，朋友就会责备自己。但如果说被老师不小心弄坏了，朋友只能说"那也没有办法啊"，这样既保护了孩子的自尊心，面对朋友时也可以得体地解释了。

这个孩子本来就很有实力，告别了手机短信之后，学习成绩迅速提高，很快又恢复到了偏差值 60 以上，后来顺利地考入了理想的大学。

在这段小故事中需要引起大家注意的是，孩子都有自己的想法和主张，和朋友交往时都有爱面子的虚荣心。如果什么事情让他觉得很有面子，那他是难以拒绝的。实际上即使手机真的没有了，朋友也能理解。

网络游戏的可怕之处

我认为不应该让中学生玩网络游戏。在玩网络游戏时，单纯而不设防的中学生容易不小心卷入犯罪的纠纷中，类似这样的事件正在急剧增加。

另外，网络游戏比其他游戏更容易让人沉溺其中。在网络游戏中，有些游戏需要几个朋友联合到一起才能打败敌人，否则无法获得升入下一个级别所需要的积分。由于必须要大家联手，所以不能因为个人原因而停止游戏。

在网络世界里，由于看不到对方的真实面孔，很多孩子觉得"只要把网络切断就没关系了"，从而变得为所欲为。因为在现实世界中不能得到这种"满足感"和"安心感",所以有些孩子就一头扎进网络的世界不能自拔。

而且,有些网络游戏是收费的。虽说禁止一切游戏最好,但如果不能做到这一点,那就要由父母和孩子共同商量,制订使用规则并进行设置,以免超出正常的使用范围。

LINE(微信)、FB(脸书)和 TWITTER(推特)

在日本 LINE 上面发送信息,收信人读完以后,对方的手机屏幕会显示"已读"的字样,这样当时就能知道收信人是否看到了信息。这种情况下收信人不得不尽快回复,很多年轻人就这样被 LINE 束缚住了。

我想有些家庭对手机的使用制订了相应的规则。但是最近迷上 LINE 的孩子很多,为了限制 LINE 的使用,必须限制手机的使用时间。只是有些孩子可能会说"需要用手机联系社团活动""明天的聚会还有一些事情没定下来"等,所以也有一些家庭对手机的管理不太严格。

在这个问题上,爱知县某地区采取了一项极具创意的措施,提出 21:00 以后,在家里也禁止使用手机。为了营造有利于孩子成长的环境,整个地区联合起来,朋友之间、家长之间达成共识,共同支持并执行这项措施,这是非常难能可贵的。

Facebook 和 Twitter 的使用也有一些注意事项。也许很多人认为,写在这些公共信息平台上的内容很快就会夹杂在别的信息中被淹没,但实际上信息一旦在网络上发布,就会作为备份一直留存(包括数据的收发时间、操作的内容、收发数据的内容等通信记录)。这些信息有可能在当事人就职或者结婚等重要时刻,被一些别有用心的人检索出来,有时会被当成笑料,甚至会招来不必要的误解。

以欧盟为中心发起了"被遗忘的权利"的运动，主要介绍一些逐渐被认可的隐私权，父母这代人也有必要学习一下。另外，还可以参加家庭教育讲座以及各大通信公司的手机安全讲座，也可以通过网络视频教程进行学习。

当父母不明白怎样操作一些电子设备时，请在孩子面前坦率地承认自己不懂，可以试着让孩子来讲解一下。"这个怎么操作？"这样问的话，既可以了解孩子在这方面的掌握程度，自己也可以学习一下。

在信息技术飞速发展的今天，孩子的适应能力普遍比大人强，他们能很快跟上技术发展的节奏。但是在社会阅历方面还是大人的经验丰富，仅凭本能就能够意识到网络的危险性。有位母亲说："尽管不太明白，但感觉孩子好像很危险。"没有人能比母亲更具备这种敏锐的直觉了。因此在孩子上网的过程中，父母觉得什么地方"有点奇怪"时，一定要相信自己的判断，及时提醒孩子。

明确告诉孩子哪些事情不可以做

现在人们都把想看的资料以及想查的信息存放在手机里，如果不对手机加以限制，孩子很容易进入一些成人网站。

父母必须对孩子进行教育，让他知道自己可以操作的底线。孩子跟朋友接触可能也会了解一些这方面的情况，但如果父母不正式跟他讲明，就不能在孩子的意识中有效地形成一道屏障。因此，父母一定要认真地跟孩子讲清楚存在哪些风险。

还有一个重要的环节是，父母必须明确地跟孩子讲清楚作为一个人的底线。孩子会在不知不觉中模仿父母的言行举止，父母想让孩子成为什么样的人，自己首先就要做那样的人，请各位父母亲自为孩子做一个榜样吧。

☆孩子模仿父母的样子长大

在给孩子传达伦理道德观的时候，对于一些原则性的事情，父母必须把想法直截了当地告诉孩子，让他知道什么是不可以的。有的父母一边在孩子面前讲伦理道德，一边却做着与其背道而驰的事情，这样孩子就会想："爸爸（妈妈）说的和做的也不一样呀。"如果是这样，以后父母讲什么孩子都不会听了。

相反，父母有什么做得不好的地方当着孩子的面要勇于承认，要有勇气对孩子说"对不起"，这也是很重要的。当然，不该让步的地方绝对不能让步。我想父母如果把不可以做的事情明确地跟孩子讲清楚，孩子是能够理解的。

现代社会父母对孩子的交友状况难以把控

记得我们上中学的时候，如果想和朋友联系只能打对方家里的固定电话，而且每次打电话时都要提前考虑好对方家人接电话该怎么说。接电话的一方（通常是父母），接到电话后会对孩子说："是××打来的电话",把电话交给孩子的瞬间他们可以观察到孩子的表情以及接电话时的样子,这样就可以了解自己的孩子和打来电话的人是什么关系,他们之间的交情如何。万一感觉到孩子有什么不对劲儿,父母可以及时询问具体情况或者提出建议。这样就可以防患于未然,并给孩子提供一些参考性的意见。

但是现在孩子之间联络的工具都变成了手机。将电话直接打给本人,就不用担心对方的父母接电话,即使不太好的邀请有时也不用顾虑太多。父母接不到孩子朋友打来的电话,就不知道自己的孩子和什么样的朋友交往,也不知道他们之间交往的状态如何。很多情况下危险是否迫在眉睫,是否应该拒绝邀请,父母无法得到任何的相关信息,也无法给孩子提供参考性的建议。

父母有义务给孩子提供参考性建议

以前,在日常生活中,父母可以通过各种方式教孩子如何辨别是非曲直。遗憾的是到了现代社会,父母却无法做到这些。本来可以在孩子被卷入较大的纠纷和事件前阻止这一切发生,但现在却不得不等到纠纷发生了才知道孩子都交了些什么朋友。

父母那一代人秉承的伦理观和价值观,到了孩子这一代却没有传承下来。比如"绝对不应该讲的粗话""不能对别人说的个人隐私"等,现在的孩子竟然不避讳这些,而且随意地在网站上发布出来。这样的言行越来越多,有可能成为现代中学生共通的价值观。

不仅如此,我觉得比起现在的中学生,父母那代人在中学时代自己解决问题的范围要大得多,因此他们从小就明白做人的底线,不会做越过底线的事情。但是在现代社会,孩子这种伦理道德观念不是很强,父母一辈认可的基本伦理观和为人处世的原则在子女这代人身上体现得不是很明显,而这正是父母在某种程度上需要擦亮双眼,关注孩子的地方。

孩子在中学阶段还没有形成健全的人格,就像小孩子骑自行车一样,辅助轮是必不可少的。这样做的目的是避免孩子卷入纠纷后找不到可以商量的人,也是为了让还是中学生的孩子尽早明白做人的原则。父母和孩子之间要建立起经常交流和沟通的关系,以保证孩子健康地成长。

最后再补充一点,虽然对孩子的品格教育是从小开始进行的,但如果觉得在这方面的教育仍有欠缺,请一定从孩子成为中学生的现在开始好好地教育孩子吧。

一点建议:

- 培养孩子能够理智使用手机的判断力。
- 父母在理解孩子的价值观的同时,也要经常提供一些信息供他参考。

02_
制订合理使用手机的规则

有效利用手机

现代社会已经发展到了无法想象没有手机将会是怎样的程度,手机已经深深地融入每个人的生活中。社会上也出现了"手机依赖症"一词,再加上智能手机的出现，人们对手机的依赖程度越来越高。虽然手机给人们的生活带来了便利，但作为监护人应该怎样做才能让孩子根据自己的需要有效地利用手机，同时又不至于沉迷其中呢？

首先关于多大孩子可以拥有一部手机这个问题，我认为主要取决于各个家庭。但是孩子一旦有了手机，父母就要和他一起根据他的年龄制订相应的使用规则。

孩子刚开始使用手机，必须规定"学习的时候不要把手机放在旁边""不要把手机拿进自己的房间，要放在客厅"等规则，并且父母有必要监督孩子遵守这些规则。除了规定的情况下禁止使用手机以外，还有一些方法可以禁止访问某些网站，但是这些方法并不都是无懈可击的，因为手机系统本身并不完善。还是应该让孩子自觉执行制订下来的规则。如果孩子已经有手机了，那么找个机会和孩子谈谈，重新商量一下应该怎样使用手机。

交给孩子游戏机或者手机之前先制订使用规则

首先需要声明一下，我并不认为电子游戏好，但是比起漫无目的地看电视，玩电子游戏时表现出来的主动性似乎要多一些。关键是这些东西容易导致孩子做事拖沓，磨磨蹭蹭（心不在焉地看电视或者玩游戏容易滋长惰性），这是绝对不行的，应该极力避免。

如果决定了给孩子买游戏机，也要和手机一样，买之前定好使用规则，跟孩子讲好："买游戏机可是有条件的，你能做到吗？做得到才能给买。"规定游戏机的使用时间时可以问一下孩子："你认为一天玩多长时间合适？你觉得妈妈会怎么说？"如果孩子回答30分钟，就可以看出来他觉得妈妈会说30分钟。

如果孩子能够自觉地在规定的时间内玩电子游戏，我觉得不是什么坏事。相反，如果把手机和游戏机全部没收，孩子和朋友之间可能就没有交流的工具了。对中学生来说，不能参与到朋友之间的对话当中是件很痛苦的事情。而且从目前孩子之间的交往情形来看，杜绝孩子看电视或者玩游戏也是不现实的。

需要补充的是，如果家里做出了"禁止玩一切游戏"的决定，请一定要执行到底。这样孩子的朋友也会认为："这家伙家里不允许玩游戏"，并带着这样的想法和你的孩子交往。在这个过程中，切忌态度不明确或者执行不彻底。

遵守自己制订的规则

要让孩子本人参与到制订规则的过程中，而且规则一旦制订好，必须按照规定执行。最好再做一个补充规定，明确没能遵守规则的情况下应该怎么办。如果明确规定"违反规则要没收游戏机"，但父母却说："这次就原谅你了，下次再这样就没收"，没有按规定执行，就如同告诉孩子："虽然自己制订了规则，但是不遵守也没关系"，对孩子的影响非常不好。从孩子的角度来说，自己决定下来的事情却没能做到，想必本人也是十分懊悔的吧。

"规则不是由爸爸妈妈来制订，而是由你自己来制订。如果不能遵守规定，怎么办？"

"可以没收我的游戏机。"

"那好吧，就按你说的办。这可不是爸爸妈妈决定的，是你自己决定的啊。你真棒！"

最后一句"你真棒"很重要。谁都希望得到别人的认可，适当地鼓励一下孩子，让他朝着更好的方向发展，这也许就是父母的工作吧。

> **一点建议：**
> - 将手机和游戏机交给孩子之前先制订使用规则，确认孩子同意后再交给他。
> - 让孩子自己决定使用时间等规则，并和孩子一起严格遵守。

03_
沉溺于网络容易失去交流能力

不会表达自己心情的孩子

现代社会中不仅仅是中学生，包括很多年轻人在内都普遍缺乏沟通和交流能力。针对这种现状，有些学校甚至专门开设了讲授交流技巧的课程。很多企业在员工录用考试中，也开始重视起来，过去很少有企业会问及这些。

到底是什么原因造成了现在这种状况呢？这是因为孩子不知道如何表达自己的心情，不能把自己的所思所想如实地传达给对方。

比如，收到对方礼物时通常说："真高兴！谢谢你！"父母那代人说这句话时会自然地流露出喜悦、惊讶的表情，然而孩子这一代却不会，他们只会面无表情地说："谢谢。"

短信——打字的可怕之处

现在不仅仅是年轻人，各个年龄层的人都能感觉到很多事情发短信说很轻松，尤其是一些面对面难以启齿的事情，通过短信能更轻松地表达出来。也许，这是因为害怕看到对方听完自己说的话所流露出来的表情。习惯于通过短信交流的中学生，看到对方表情的机会越来越少，他们读不懂周围人的表情，所以无法与对方通过表情产生互动，渐渐地就不会将自己的心情通过表情表达出来了。

有一次上课时，我发现一个学生好像不太高兴，我想是不是刚才讲的内容太难了，他没听明白，于是我又重新细致地讲解了一遍。但是他的表情还是没有什么变化。我很关心这个学生，下课后特意问他："今天的课听得怎么样？"没想到他竟然回答说："非常容易理解，我都听懂了，很高兴。"原来根本不像我想的那样，他实际上是在认真愉快地听课。但是他所流露出来的表情，在外人看来却是完全相反的情形。

没有手机的年代，人们都是面对面地进行交流。与人交谈时，人们会注意自己的面部表情、口型、声音、动作手势等，尽量用对方容易理解和接受的方式进行沟通。但是发短信就不必考虑这些，在交流时大家只要打字就可以了。

☆使用肢体语言进行交流

面对面交流，能传达的信息很多。如果只通过短信进行交流，能传达的信息就会减少。

有机会请看一下电车里孩子发短信时的表情吧。其实可以想象，面无表情。虽然看起来面无表情，但他们的内心时而欢笑、时而焦虑，与外表完全不同。也就是说从外表察觉不到的内心深处，实际上存在着感情的起伏变化。

让孩子在亲子交流中学习察言观色

父母那一代人与他人交流时，吃惊的时候会睁大眼睛，高兴的时候会露出笑容，抱歉的时候会皱着眉头，这些都是自然流露出来的，不用特意去考虑怎么做。但是，对仅凭手机短信进行交流的中学生而言，他们识别表情的机会非常少。其实，学会察言观色是与他人交流时一项很重要的能力，所以请父母在家里多教教孩子如何富有表情地讲话。

比如，有时候孩子的表情特别好，这时父母就要表扬他："表情真好啊。"孩子听到父母这么说才会意识到："啊，原来这个表情很好。"如果对孩子说："你的这个表情很友善"，孩子就会通过这句话，意识到自己现在的这个样子是友善的表情。我认为，面对孩子时父母通过语言把自己的心情表达出来比较好。在第二章中，提到过孩子是父母的镜子。说话表情好的孩子，他的父母在家说话也是和颜悦色的。如果哪个孩子说话没有表情，那很有可能在家就养成了这个习惯。

有的父母认为，即使他们和子女没有面对面地讲话，能通过短信进行对话也是好的。但短信往往容易成为单方面传达的工具，毕竟父母和孩子之间还是需要双目对视，一边观察对方的反应一边进行讲话的。

> **一点建议：**
>
> - 通过表情等肢体语言，也可以向对方传达心情。为了让孩子意识到这一点，当他的表情好时一定要对他说"你的表情真好"，让他本人也有所察觉。
> - 父母和孩子讲话时一定要目光对视，用丰富的表情为孩子做好示范。

04_
培养不沉迷于电视的孩子

除了计划要看的节目以外，其他时间不开电视机

孩子有意无意中都喜欢打开电视机看几眼，回到家以后立即打开电视机的中学生有很多。电视机的可怕之处在于它总是播放一些看似很有趣的节目，让看电视的人不管有多少时间都能打发消磨掉。

观看事先打算要看的电视节目，这绝不是什么坏事。只要**在规定的时间内看计划要看的电视节目**就没有问题，最不好的习惯是没完没了地看电视。为了避免这种情况发生，可以让孩子把想看的电视节目告诉家人，然后播放时把它录下来，等孩子有时间再看，或者让孩子养成看完电视后立即把电视机关掉的习惯。

过去，家里只有客厅放着一台电视机，孩子不能一直看自己喜欢的电视节目。如果爸爸看自己喜欢的节目，孩子只好忍着不看，兄弟姐妹之间有时候也会为了看哪个频道发生争执。所以，那个年代的孩子有想看的电视节目时通常都只能忍着。

现在的中学生用手机无论在哪儿都能观看喜欢的节目，他们连学会忍耐的机会都没有了。

把自己看过的电视节目列出来

☆ 制作没有必要看的电视节目清单

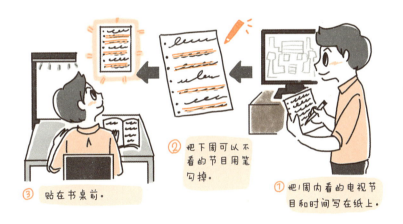

如果孩子没完没了地看电视，就**有必要让他认识到看电视浪费了多少时间**。

首先让他写出一个星期内想看的电视节目。然后将可以不看的节目用红笔划掉，剩下的就是真心想看，或者必须要看的节目了。最后的实际情况往往是几乎所有节目都不看也没有关系。

综艺节目最容易消磨时间，如果孩子看到很多时间都浪费在这些没完没了的综艺节目上，恐怕他自己也会感到惊讶吧。

如果把这张画满红线的节目清单贴在孩子的书桌前面，提醒孩子这些电视节目实际上都没有必要看，那么以后没完没了看电视的时间一定会减少。

过去，电视作为家人团聚娱乐的中心，曾经带给我们很多美好的回忆。家人在一起一边观看感兴趣的知识问答类节目，一边讨论正确的答案，这样看电视对增进家人之间的交流很有帮助。

一点建议：

- 事先想好要看什么节目，养成只看计划内节目的习惯。
- 为了不浪费时间，让孩子列出没必要看的节目清单。

05_
如何在信息泛滥的时代中生存

信息素养教育

随着信息化社会的到来，人们可以更简单、更快捷地获取各种信息。与此同时，信息量急剧上涨，各类信息庞杂而繁多，可以说已经进入了一个信息泛滥的时代。在这个庞杂的信息群中，不仅有正确的信息，也有错误的信息，想要将它们准确地区分开来并不是件容易的事情。为了有效地利用这些信息，不被繁杂的信息所左右，我们有必要让孩子接受信息素养方面的教育。

对正确信息和错误信息做出准确的判断，并采取有效的方式对应，将是孩子今后最需要重视的一种能力。

随着互联网的普及，人们不仅可以在自己的个人主页上发布信息，还可以在博客、Facebook、YouTube 等公共信息平台上随意发布信息，这些在以前是无法想象的。但是，这些个人发布的信息有时会引发一些我们意想不到的麻烦，这一点也有必要让孩子知道。

- 信息素养教育的目标
1. 培养准确判断信息正误的能力。
2. 培养从诸多信息中收集、获取必要而且正确信息的能力。
3. 培养能够发布正确而有效的信息的能力。

不要盲目相信新闻节目

电视和报纸等新闻媒体每天都会报道很多新闻事件，但是这些媒体的报道有时可能会存在偏颇。各家报社、电视台的报道有各自的立场和角度，如果不具备一定的素养和判断能力，很难察觉到其中的差异。需要注意的是，最近的新闻报道中制作媒体多掺杂了自己的意见。有时由于报道的方式不同，可以把一件好的事情说成不好的事情，这正是媒体宣传的可怕之处。

在新闻和各类事件的报道中，"又发生了某某事件"的字样给人印象特别深刻，从中可见报道的偏颇性。另外媒体为了赶时间，有时报道中可能会出现武断甚至错误的内容，这样做无异于制作虚假的犯人头像，误导了民众，隐匿了真凶，影响会非常恶劣。

无论是什么样的媒体工具，只要是人操作的，就一定会包含操作者的意图。其中也有一些"只要有趣就好""只要能吸引读者或观众的视线就好"等与事件本身无关的报道，但却能起到极强的煽动效果。听到主持人或者评论员说"这太过分了"，看到电视节目的中学生就会产生一种错觉，好像自己也是这么认为的。中学生这个年龄很容易对电视节目中的见解深信不疑，有时自己便不去思考判断了。

在中学时代，有必要让孩子养成准确判断信息正误以及收集正确信息的能力。

比如，父母可以试着问孩子："刚才的事件，如果有报道说是另外一回事，你怎么看？"以此为契机，让孩子学会独立思考。告诉孩子："如果那样的话，情况就完全变了。不过，其他的新闻报道了，确实有那么回事。"这样孩子就会明白"原来是这样啊"，并且学会从多种角度看待问题。

我们无法避免信息泛滥的客观现实，但如何让孩子接受准确而有价值的信息，是身为父母的职责。当父母感到电视报道过于偏激时，请对孩子说一句"这样说有问题啊""这只是目前阶段的结论"，让孩子的思维活动稍微停一下，再冷静地思考。这时候不必急于下结论，只要让孩子感觉到有些不对劲即可，然后再慢慢思考，琢磨明白事情的原委。

孩子必须具备信息选择的取舍能力，必须学会判断什么是有用的信息，什么是没有用的信息。

父母和孩子一起看电视的时候，给孩子提供一些信息，适当地对他进行引导，是很重要的。

不能只听片面之言

孩子之间如果产生纠纷，大部分都是由于想法不同或者不容分说地指责对方引起的。如果孩子明白了不能盲目地听信新闻报道，那么朋友之间发生纠纷导致其中一个人成为众矢之的时，他就会说"这只是目前得出的结论，究竟是怎么回事还没有最后弄清楚呢""现在下结论还有点早""再多听听他的解释吧"。

如果 A 和 B 两个人吵架，只听信 A 一方的言辞就容易把 B 想象成不讲道理的人，然后把所有的责任都归咎于 B。但是，如果孩子懂得不应该片面听信一方之言，他就会问 B 到底是怎么回事。不片面地听信一方之言，而是能够听取双方的意见，这种处理问题的态度在孩子踏入社会后也非常重要。

有时一些父母会盲目相信孩子的话，遇事总是凭单方面的说辞进行判断。比如，听到孩子说："我被 C 同学打了"，就会怒气冲冲地找到学校说："C 这个孩子太不像话了。"

相信孩子固然重要，但在这种情况下父母有必要先冷静一下，听完双方的说法，切实了解情况后，如果还认为孩子说得对，再提出抗议也不迟。但实际上，也有可能是自己家的孩子欺负低年级学生，C 为了阻止这件事情，在介入时不小心碰到了自己家的孩子而已。

我们需要教育孩子，让他们能够从各个方面听取意见，并做出正确的判断。同时父母也是一样，要让自己具备遇事从不同角度进行分析和判断的能力。

一点建议：

- 培养孩子能够准确判断信息正误的能力。
- 想让孩子具备信息取舍的能力，就要以身作则，亲自给孩子做示范。

升学考试的倾向——
信息处理能力决定一切

以前升学考试中知识性的问题很多，记忆力是决定胜负的关键。但是近年来升学考试的出题形式有很大变化，大部分题型要求学生根据所学的知识当场思考作答，由知识性的问题变成了考查学生综合信息处理能力的问题。

中学时代必须掌握的东西很多，但如果单纯地用知识量来衡量，中学阶段的知识量并不庞大。从社团活动结束后的初三夏天开始，认真学习的孩子很多都考入了重点高中，这也在一定程度上证明了初中阶段的

知识量并不是很大。

进入高中后，知识量是初中的好几倍，学生要具备跨越多学科领域掌握庞大知识量的能力。如何高效率地将知识输入，并在必要的情况下准确地输出，这个过程所体现出来的信息处理能力，是学习的基本能力，在中学阶段相对比较重要。

接下来举例说明。在社会学考试中，给出一个记录农作物和气候相关信息的图表，围绕A县提出若干问题让学生回答。这些问题不仅涉及了某种农作物的产地都有哪些县，还有与其他县相比，A县这种农作物的产量如何，A县的气候如何等综合性问题。这里考查的就是学生对信息的综合处理能力，即使知道福岛县桃子的产量位居全国第二，但如果不能从图表中读取到这个信息，也无法做出正确的回答。

英语的听力考试中，也出现了根据听到的信息让学生进行引路的题型。对于具备信息处理能力的学生而言，他们会认为：“这道题考查的不都是以前学过的内容吗？”但是对于很多学生而言，这种综合性的问题把知识点和知识点组合起来，按照新的逻辑顺序进行归纳整理，实际上是要经过一番冥思苦想的。而且，这种综合信息处理能力不是仅仅把某些内容背下来就能掌握的，父母也有必要对孩子挑战这种考查记忆力基础上的综合应用能力的考试给予充分的理解。

第五章 引导孩子走向自立

作者：冈村昌弘

毕业于早稻田大学。课堂教学充满知性与智慧，富有同情心与观察力，在对学生进行升学指导时因材施教，培养出很多考取重点高中以及重点大学的优秀学生。对待学生既严厉又亲切，有时还很幽默，不仅深受学生的欢迎，在家长中也得到广泛的支持与好评。参与录制影像教程@will，该课程以在快乐中将知识输入大脑的教学风格深受学生喜爱。

01_
代替孩子"捕鱼"的父母

父母养育孩子最大的心愿是希望孩子自立。因为父母知道自己总有一天会变老，会离开这个世界，他们担心留在世上的孩子如何生存下去，所以才希望孩子能够自立，不要给任何人添麻烦，学会依靠自己的力量生活下去。

然而，很多父母口头上这样说，实际上却对孩子照顾得过于周到，这种过度保护的行为剥夺了孩子本来拥有的自立心。

教育不是代替孩子捕鱼，而是教给孩子捕鱼的方法。尽管如此，自己亲自捕鱼然后交给孩子的父母却在不断增加。

☆不要打消孩子自立的积极性

授之以鱼不如授之以渔

很多父母觉得让孩子去思考问题并解决问题是一件非常浪费时间的事情，还是直接告诉孩子结论比较简单，所以他们更倾向于优先考虑能尽早看到结果的做法。

希望各位父母能够意识到，"不能等待"这种行为会使孩子丧失独立解决问题的能力，因此今后努力做一个善于等待的父母吧。

> **一点建议：**
> - 不要对孩子过度保护，否则会降低孩子本来拥有的自立能力。
> - 培养孩子独立解决问题的能力。不要急于下结论，给孩子认真思考的时间，做善于等待的父母。

02_

触动孩子心灵的表达方式

父母和老师的讲话方式是不同的

作为学生人生道路上的前辈，课间休息时我会跟他们讲一些自己的人生经验和心得体会。

这时，我不是站在老师这个高高在上的立场上对他们讲话，而是作为他们人生道路上的前辈来和他们交流。我和他们讲学校的社团活动，讲青春期遇到了怎样的烦恼，讲自己当时的种种感受。我坦率地跟学生讲这些事情，学生都被深深地吸引住了，好像被带到了我曾经历的往事当中。

当时教室里所有学生都在，我特意用能够打动学生的讲话方式来和他们进行交流。听了我这番话，学生每个人感受的侧重可能各有不同，他们发挥着自己的想象力，带着各自的理解听完了我的故事。

我想父母也和老师一样，经常给孩子讲一些自己人生的经验之谈。不过，认真听老师讲话的学生，未必能认真听父母讲话。

在父母面前孩子可以尽情地撒娇，不管孩子说什么、做什么，父母都能接受。所以，在父母身边，孩子心里十分踏实。比起作为老师的我们，父母为孩子考虑的实在是多得多。只是这个年龄段的孩子正处于青春期，在家里又被父母娇纵惯了，特别容易顶撞父母，自以为"那些道理我都懂"，所以把父母说的话总是当耳旁风。

家长会上每次老师讲完话以后，经常会看到妈妈拉着孩子的手说："你看妈妈平时说的没错吧？"听到妈妈这句话，孩子最常见的反应就是反驳道："你说过吗？"

老师和妈妈讲的可能都是同样一番话，但即使是相同的内容，与父母相比，孩子更愿意听班主任老师、补课老师以及社团指导老师说的话。而且越是关键问题，孩子越出乎意料地表现出更愿意听信身边其他大人讲话的特点。

但如果是关系非常疏远的第三者突然说了什么，孩子心里又会想："这个人对我的情况了解吗？"由此可见，中学生判断一个人的话有没有必要听，取决于这个人是否能够理解自己。

孩子听不听大人的话与大人的讲话技巧也有关系。老师跟学生讲话时，会尽可能用直截了当的语言来表达，但父母对孩子怀有深深的爱，所以他们很难做到和老师一样。

妈妈跟孩子讲话，有时还没张口情绪就先激动起来，一边讲一边责备孩子，有时啰唆絮叨，有时又旧事重提，父母可以回忆一下是不是这样。正因为出现这样的情况，那些最重要的、本来想对孩子说的话反而都没讲出来，想表达的内容也并没有传达给孩子。

另外，有的妈妈发现孩子存在某些问题，提醒孩子注意的时候，并不是用批评的语气，而是情绪化地发起脾气来。我想大家都知道一旦感情用事就容易发脾气，而批评是理智地指出对方做了什么不应该做的事情。满怀怒气地跟孩子说是无法将自己想要表达的内容有效地传达给孩子的。如果真有事情需要跟孩子讲清楚，请一定要注意控制好自己的情绪，不要跟孩子发脾气。

父母和孩子讲话的时候，需要下意识地培养自己的忍耐力。父母总觉得和自己的孩子讲话用不着考虑太多，什么话都不假思索地直接说出来。但是我们要知道有些话直接说出口，孩子是不能接受的，所以这时就需要忍耐。

对性格不同的孩子要采取不同的讲话方式。对我们来说，因为能接触很多学生，已经积累了一定的经验，"看现在这个孩子的状态，不能跟他这么讲话""对这个孩子必须换一种讲话方式"等，我们会先考虑孩子是什么性格，用什么样的讲话方式他比较容易接受，然后再开口对他讲话。另外，即使是相同的内容，我们也会考虑改变措辞或者调整讲话内容的先后顺序，以便孩子能更好地接受，这些都需要相当的忍耐力。我想很多时候父母如果能够冷静思考一下自己的讲话方式孩子是否能够接受，然后再跟孩子讲话，就比较容易交流了。

对父母来说，此时此刻陪伴孩子成长的机会只有一次。让自己**控制情绪，想办法调整自己的讲话方式，虽然很不容易，但正因为父母对孩子有着深沉而伟大的爱，所以才有必要为做到这些而努力。**

寻求第三方的协助

父母对孩子讲话时总是容易把他们当成小孩子,而老师对学生讲话时用的却是对大人讲话的口吻。也就是说,老师不会把学生当成小孩子来看待,而是认为彼此都是一样的,只不过在学习的道路上老师是走在学生前面的学长而已。

就好比我先出门发现外面下雨了,然后我把这个情况告诉了后赶过来的学生一样。至于听到这个消息以后,学生该怎么做,让他们自己去做决定。

我对学生说:"我告诉过大家外面正在下雨,准不准备雨伞是你们的自由。如果你想挨雨淋就随你吧,只是淋湿了之后不要抱怨不知道下雨。"我这么一说学生都会认真听了。

走在人生之路前面的大人比孩子更了解这个世界需要的是什么样的人,为了达到这个要求应该做些什么。既然大人知道这些,就必须告诉孩子,步入社会之后可能会遇到很多挫折,这些都是必须承受的,也是非常重要的经历。即使跌倒了,也要重新站起来。有些孩子遇到困难不去想办法克服,是不行的。要像这样教育孩子正视社会现实,用他们自己的头脑分析判断现在应该做什么。

前面提到过,同样的话如果是父母说,孩子有时候不会听或者听不进心里去。因此,这个时候父母需要考虑寻找一个合适的人代替自己跟孩子讲话,拜托他协助自己来教育孩子。

过去除了父母以外,孩子还能接触别的长辈,共同参与孩子的培养教育。但是到了现代社会,我感觉有空余时间能参与到养育孩子过程中的长辈越来越少了。

过去邻居都可以帮忙照看孩子,但是现在跟过去不一样了,所以我认为通过让孩子学习一些技能增加与其他大人接触的机会是一件好事，比如，可以学习练字、游泳、钢琴、足球以及棒球等特长。值得尊敬的老师或者孩子崇拜的学长，都可以成为让孩子多接触的对象。一些脾气古怪的大人，对学生乱发脾气的老师，即使作为反面教材也有接触的价值。总之，孩子是看着形形色色的大人一点点成长起来的。

为了让孩子能够在必要的时候明白必要的道理，需要有一个合适的人跟孩子讲明这一切。在培养孩子的过程中，寻找能够协助自己的人是我送给各位父母的一句箴言。

母亲的责任，父亲的责任

我发现善于表扬的母亲培养出来的孩子大多会表达自己的喜怒哀乐等感情。看到优秀的孩子，我会请教他们的母亲有什么育儿秘诀，结果发现她们的共同之处是听取孩子的意见，认可孩子的表现。对于不对的事情，她们在孩子面前绝不姑息，坚决地认为坏事就是坏事，严格地教育孩子遵守做人的原则。

有些父亲平时不管孩子，一旦发生什么事情却像什么都知道似的指指点点，这样可能会遭到孩子的反对。父亲总是爱讲大道理，用大道理压人，容易把孩子逼得喘不过气来。有时候父亲对孩子的学习表现得过于热心，孩子就真的没有可以逃避的地方了。对于孩子来说，需要一个空间让内心平静下来。本来被母亲批评了一顿，心里还想着可以向父亲倾诉，但如果父亲也对孩子加以责备，那他就没有可以倾诉的对象了。

父母应该经常就孩子的教育问题进行商量，在基本方向保持一致的基础上，明确双方各自承担的责任。事实证明，父亲平时保持沉默，母亲在不远处关注孩子，这样的家庭在培养孩子的过程中都比较顺利。

一点建议：

- 为了让孩子能够接受，父母讲话时要有耐心，而且要考虑讲话的方式。
- 为了让孩子听得进去，父母教育孩子时可以寻求他人的协助。
- 父母事先商量好责任分担，父亲用沉默和关注守护好母子，这样的家庭培养孩子都比较顺利。

03_

逃避责任的亲子关系

不反抗大人的中学生增加了

现在的中学生父母上中学的时候基本是在20世纪70年代后半期至80年代前半期，那时日本的中学校园里刮起了校园暴力的狂风骤雨。当时的中学生对代表正确言论的父母以及学校的老师表现出反抗的态度，他们对大人的强势感到愤怒，但怒火又无处发泄，最终导致他们走向了暴力。

随着时代的变化，到了现代又出现了什么样的情况呢？校园暴力消失了，像以前流行歌曲中唱到的那样，到处砸玻璃窗的中学生也不见了。基本上大部分孩子在学校表现得都挺好，父母和子女的关系看起来也不错（对此我还是有点怀疑），所谓关系融洽的家庭看起来也很多。

在过去，初中三年级的男孩子讨厌母亲是正常的现象，即使一起参加学校召开的升学会，也能明显地看出来他不愿意站在母亲旁边。然而现在的男孩子却不讨厌母亲坐在身边，近八成的母子之间亲子关系都非常好。

另外，我感觉现在很多孩子好像没有叛逆期了。即使处于这个阶段，也不像以前的孩子那样激烈地反抗父母。他们不再像以前的孩子那样，在不断与周围发生冲突的过程中形成自我，而且看起来给人一种软弱的感觉。

没经历过叛逆期而直接步入社会，对自己是谁以及自己应该做什么，很难形成明确的自我认同。也许这是由于父母总是把自己的想法强加于人，告诉孩子应该怎样做，从而导致孩子的自我意识减弱了。并且，我发现社会对孩子的管束也不像以前那么严格了。对于孩子而言，既没有束缚，也没有反抗的对象，当然也就没有必要追求自由了。

为什么那些被压抑的人和生活贫困的人会努力学习，那是因为他们有一种强烈的愿望，想要摆脱压抑的环境和贫困的生活。这时，**想要摆脱不称心现状的强烈愿望成了学习的原动力**。

战后进入经济高速增长期的日本，为了摆脱贫困的状态，只好努力学习先进的技术。"穷人想要变富只能靠学习（只有学问才能打破贫穷的轮回）"，这种关于"贫穷循环论"的看法是日本知名导演北野武母亲的名言，过去的日本就是这样的。

但是现在整个日本社会都变得富裕了，至少正在读这本书的各位父母，你们的孩子从小就过着衣食无忧的生活吧。其实孩子心里很清楚，即使不付出辛苦，只要不奢求太多，基本的生活保障还是没有问题的。因此现在的中学生不那么努力学习了。"学不学习是我的自由""像现在这样不是很好吗"，这些对现状感到满足的中学生，已经不知道为什么需要学习了。

有叛逆期会更好

处于青春期的孩子如果没有经历叛逆期,对父母来说可以避免和孩子发生不愉快的争吵,省去很多麻烦,但也有可能在将来面临巨大的风险。

叛逆期不仅仅表现为反抗周围的人和事,还包括自己想要变得更好时,如果不能实现目标,就会对自己产生不满,并与自己的内心世界斗争。如果没有这种想法,也许就相当于没有上进心了吧。

没经历过叛逆期的孩子看起来悠然自得。这个时期他们表现出的一个特征是,觉得自己无所不能,有一种奇妙的优越感。实际上因为没有挑战过,所以才觉得自己无所不能。他们的一切都被平常化,没经历过失败,也没有被灌输与众不同的价值观。他们通过自身的经历体会到了只要和大家一样,什么事情就都可以说得过去,所以他们不会按照自己的方式尝试去做和别人不一样的事情,结果很多事情还没开始挑战就已经放弃了。

过去的孩子遇到难题会表现出一定要做出来的挑战姿态,但是现在遇到难题马上就放弃的孩子比例增加了。

另外,现在很多学校不会要求班级以公开的形式将成绩进行排名,因此除了一部分优秀的学生以外,其他同学对彼此大概排在什么位置,都只是模糊了解而已。校园欺凌以及一些行为问题相比以前都不是特别明显了,大人也变得遇事奉行消极主义。很多问题都无法通过外显的叛逆行为暴露出来,即使存在,父母和学校的老师也没有足够重视,进而提醒学生注意。学生在学校不必被迫参与竞争,更没有挑战过任何困难的经历。但是,这些孩子长大成人步入社会后,会立刻面临各种竞争,上司的要求也会很严格，结果可能好不容易找到工作又无法坚持下去。在学校里没有锻炼出承受竞争压力的能力，也没有被严厉地批评指正过，因此刚工作没多久就因为各种不适应而辞去工作也没有什么不可思议的。

☆现代社会的孩子面对竞争时，缺乏承受能力

现在，想要出人头地的孩子好像不多。"出人头地，肩上的责任就会更重""不喜欢承担重任，只要开心就好"，有这种想法的孩子正在增加。无论什么只要和大家差不多就行，所以他们对未来没有太大的期望，进取心也不强。在过去，"想坐高级车""想住大房子"代表了年轻人的欲望，可是现在年轻人的身上已经看不到这种欲望了。现在的年轻人觉得只要和大家一样就好，缺乏不断追求、不断创新的进取精神。

不批评孩子的父母

不知道是不是因为孩子不反抗父母了，所以父母也觉得没有必要对孩子严格要求，总之我发现现在对孩子采取严厉态度的父母减少了。"因

为我是你的妈妈才提醒你的""因为担心你才这样说",这样絮絮叨叨发牢骚的父母也比以前少了。

现在不像以前那样,在家庭生活中也要求孩子遵从长幼关系,有的家庭甚至出现了像朋友一样的亲子关系,父母和孩子像朋友一样相处。在长幼关系中,需要一种力量来维持平衡,所以父母必须拥有这种力量。朋友关系是一种平等的关系,为了避免发生冲突,这是最合适不过也是最简单的选择。

"像朋友一样的母子(父子)",听起来感觉不错,但实际上从反面也折射出另一种现象,那就是父母不说让孩子讨厌的话。身为父母,不指出孩子的缺点,也不想办法去纠正。也有父母因为不想和孩子发生不愉快,连该说的话也不说。

以前即使别人什么话也不说,但是作为孩子的父母,该批评的时候还是会严厉地批评孩子。当然,也有一些父母不想和孩子之间关系变僵,孩子做错事也会选择原谅孩子,把本来应该在家庭进行的教育推托给学校乃至课外机构。在这样的家庭环境下,有些孩子甚至连生活中基本的寒暄都不会,这样的孩子将来走向社会后估计会遇到很多问题。我认为只有父母严格地要求孩子,孩子才能具备作为一个人在社会生活中应有的修养。

一点建议:

- 不要以为孩子没有叛逆期就可以完全放心。
- 一个物质极大丰富的时代,也可以理解为是一个难以激发孩子学习热情的时代。
- 该对孩子讲的话不能因为是朋友关系而不讲。有时候有必要用严厉的态度对待孩子。

04_
培养跌倒了能再站起来的孩子

让孩子从失败中学习

孩子要想一点点长大成熟，就必须经历一些磨难，在大大小小的失败中学会跌倒了如何再站起来。即使失败了，伤口还在隐隐作痛，只要孩子明白成功之前再挑战一次的道理，他就会变得意志坚强起来，并且有勇气挑战更大的困难。而且正因为经历过失败，才能够体会到成功的艰难和喜悦。

失败本身绝不是什么坏事，但是失败之后一蹶不振是个问题。跌倒的是孩子本人，重新站起来的也是他本人。无论在精神上还是在肉体上都没有跌倒过的孩子，为了步入社会后不被突然的打击打倒，父母就要趁他们还小，不至于铸成大错的时候，鼓励他们无论什么事情都试着挑战一下，通过失败来磨炼自己的意志。

如何正确地看待失败，从失败中吸取教训，是非常重要的。不挑战困难就不会失败，但是如果没有挑战，人生也就没有意义。

过程比结果更重要

请各位父母一定记住，对于那些勇于挑战的孩子，不仅要关注挑战的结果，更要关注挑战的过程，这是非常重要的。请父母对挑战过程中孩子付出的努力，做出一个中肯的评价吧。"虽然失败了，但是你很努力，妈妈看出来了"，如果妈妈看到了孩子努力的过程并给予认可，孩子就会切身地体会到努力的重要性。

为了让孩子明白只要努力就能做好的道理，我认为学习是最适合的选择。之所以这样说，是因为学习的过程中只要付出了努力，其结果很容易在学习成绩上体现出来。要想在钢琴等乐器弹奏上或者足球等体育项目上取得成绩，某种程度上需要遗传基因或者与生俱来的天分，但是学习并不要求特别的能力。为了孩子能够安心学习，可以对他说："妈妈会关注你的学习过程"。我认为通过学习也能让孩子形成健全的人格。

我对中考生的父母说，万一孩子没考上理想的学校，请千万不要比孩子更沮丧。不管结果如何，如果不能认可孩子的努力，就不应该让孩子参加升学考试。升学考试的时候，大部分孩子都想考取理想的学校让父母高兴，并为此专心致志地学习。如果因为孩子没考好，父母比孩子更消沉的话，孩子就会认为自己有责任，以后再也不敢去挑战其他事情了。

说起来有点不可思议，现在的中学生大多没有自己的升学志愿。他们没有志向要考取哪所高中，绝大部分学生是按部就班地学习，到了升学考试时看自己的成绩能考取哪所学校，在报考时再填报哪所学校。

孩子积累了多少"只要做就能做到"的成功经验，决定了他参加升学考试时的努力程度。不应该让孩子能考上哪所高中就报考哪所高中，而是应该让他们为了考取自己理想的高中全力以赴地学习。

跌倒时用手撑住地面是通过学习掌握的技巧

有学者指出，跌倒时用手撑住地面并非人类的本能。如果是一种本能，那么即使没有经验、运动神经不发达，跌倒时也会先伸出手撑住身体。但是小孩子跌倒发生骨折，受伤最多的部位却是鼻子。这是因为这些孩子没有跌倒的经验，不知道用手撑住地面，所以才碰到了鼻子。这个事实也从另一方面证明了这些学者的观点是正确的。

公园里面一些危险的游乐设施渐渐被撤掉了，很多地方都贴着"此处危险，小心游玩"的注意事项，让孩子自己意识到危险从而多加注意的时代已经过去了。"在河边走路不要发呆啊"，走路时被别人提醒不要掉进河里也已经是过去的事情了。现在，在孩子意识到危险之前河边已经竖起了栅栏。不仅如此，在孩子遇到危险之前，很多地方都事先做好了防护。

孩子在对危险没有任何觉察的情况下长大，实际上是件非常可怕的事情。大人有必要认识到这么做实际上剥夺了孩子"尝试—失败—学习"的宝贵机会。

据说孩子在幼儿园碰伤，有的父母会以保育员照顾不周为名投诉幼儿园，以致事态愈演愈烈。过去人们认为孩子只要平安无大事，磕磕碰碰都是正常的，孩子就是在磕磕碰碰中长大的。如果希望孩子一直不磕不碰，倒不如不让孩子到外面玩耍，一整天都待在房间里是最安全的。但是，这样做究竟好不好想必大家都明白。

要有勇气反省失败

有些父母不会面对面地和孩子认真交谈。他们会在谈话中观察孩子的脸色，如果发现让孩子感到讨厌、痛苦或不希望提及的话题，就会坚决地避开。如果想培养跌倒了能够重新站起来的孩子，我认为即使会感到痛苦，也要让孩子直面失败，这种培养孩子的态度是很重要的。

我的儿子是小学生，参加了学校的足球队，前几天在一场正式比赛中很遗憾地输了。我觉得孩子有必要反思一下当时的表现，就问："为什么那天的比赛输了呢？"然后和他一起分析了失败的原因。但是，据我观察，很多家庭在这种情况下不想让孩子难过，所以都闭口不谈比赛输了的事情。

如果实力相当的情况下输掉了比赛，基本上都是由于心理方面的原因造成的。因此我认为回顾并反省自己当时的表现是非常必要的。希望通过反省，孩子能够战胜自己内心的脆弱并勇敢地从失败的阴影中走出来。

例如，小孩子受伤后，触摸伤口就会感到疼痛。但是如果不这样做，就无法进行治疗，最终难以痊愈。不能因为孩子说疼就不去触碰伤口，如果延迟治疗，有时可能会出现无法痊愈的情况。

不仅是体育运动，学习也是如此。比如，模拟考试没考好的时候，如果不利用这个机会反思一下为什么没考好，哪些知识没掌握好，下次考试还会犯同样的错误。

☆要有耐心培养跌倒了能自己站起来的孩子

孩子小时候，经常会摔倒。有一些妈妈看到孩子摔倒后，会很紧张

地把孩子扶起来问："没事吧？"当然，比起那些想方设法不让孩子摔倒的父母，这样的妈妈还是明智一些的。孩子摔倒以后，妈妈一定要忍住，不要伸手去扶，要锻炼孩子自己重新站起来。妈妈只要忍耐一下，孩子就会自己站起来，因为他本身具备这个能力。就像前文提到的那样，**父母不要剥夺孩子本来可以从失败中学习的机会。**

即使孩子摔倒了，妈妈也要一笑了之，这会让孩子放心，知道自己没什么大事儿。妈妈需要做的是耐心等待，等待孩子自己站起来。在养育孩子的过程中，一定要让孩子不断地经历小挫折、小失败，父母要做好精神准备，不要伸手去帮，就那么一动不动地站在原地等他自己站起来就好。

剥夺孩子思考权利的是父母

养育孩子的基本原则是让孩子独立思考，自己解决问题。父母不能先把答案告诉孩子，那样将剥夺孩子自己思考的机会。虽然很多父母等不及孩子自己做出回答，但是在这个问题上父母一定要培养自己的等待意识和忍耐力。

不让孩子独立思考，孩子就不会成长。因此，让孩子学会独立思考是很重要的，日常生活中有意识地多问问孩子"为什么呢？接下来应该怎么办呢？"为孩子提供更多思考的机会。

有时候孩子不一定能马上回答出来，他们只是小声嘟囔着，也许并没有想出答案。但是比起想出答案，**孩子能够认真地思考并且反省失败原因的思考过程更重要。**

在思考过程中，孩子会有新的发现。有时即使得出的结论是错误的，也要朝着独立思考的方向前进，在前进的过程中会遭遇失败，那时再反省原因，顺着走过的路找回原点重新再出发就可以了。如果不让孩子积累这样的经验，他们就无法拥有自己解决问题的能力。

不仅在中学时代，将来步入社会也是一样，孩子面临的都是需要自己解决的问题。也许目前只要按照父母说的去做就可以了，但是将来步入社会后遇到困难的只能是孩子本人。

☆对孩子指导过多，可能导致他们失去思考能力

专家研究结果表明，不擅长做数学应用题的孩子有一个共同点，那就是他们接受了很多来自父母单方面的指导。"快点学习""快点去洗澡""快点吃饭""快点去上课"等，研究结果表明，如果亲子关系中都是单方面细化的指导，没有双方的对话交流，那么孩子就会失去思考能力，将来变成没有指示就不会行动的"待命者"。

如果哪位父母感到家庭教育中存在这样的问题，今后请控制一下自己的行为习惯吧，不要处处都细致地指导孩子怎样做，试着改变一下培养方式，多为孩子提供一些让他独立思考的机会。

> **一点建议：**
>
> - 不仅关注结果，也要重视过程。
> - 即使失败了，只要是孩子自己努力的结果，父母也要给予表扬。面对孩子的失败，父母不要表现得比孩子更消沉。
> - 让孩子思考为什么会失败，今后应该怎样做。培养孩子有勇气直面失败的坚强性格。

05_
培养孩子思想走向成熟的品格教育

"个性"与日本社会

"个性"是一个在日本文化中不太被认可的词语。如果用错了，就成了"从众，随波逐流"的反义词，恐怕同样会带来一些问题。

很多家庭对"个性"和"任性"这两个词产生了误解。他们认为被剥掉"个性"这层伪装后剩下的"任性"行为是不应该得到认可的。所谓"个性"，说到底就是指具备社会基本常识的独立个体在不让别人感到不愉快的前提下表现出来的一种性格特征。它和多年前的流行语"KY（不懂察言观色）"完全不一样。

听凭孩子自己做主的危险性

随着社会上儿童的生存环境发生巨大变化，"给孩子人权"的呼声越来越高，日本出台了《儿童权利条约》等法律规定。现在的中学生父母所接受的就是这样一种观念。但是我认为这些父母并不了解"给孩子人权"的本质，只是看到了它的形式。的确不能因为是孩子就忽视他们的想法，尊重孩子的权利是很重要的。但是对于孩子的错误想法和主张，大人完全没有必要因为顾忌太多而去接受，需要具体情况具体分析。大人和孩子有各自的责任和义务，大人首先要意识到这一点，然后也有必要告诉孩子。

现在的中学生父母成长在以"管理式教育"为主流的时代，可以说处于应试教育的风口浪尖上。"当时确实很辛苦。那么努力地备考复习，现在也没有过上自己期待的生活，所以不想让孩子也学得那么累。"也许有的父母因为这么想，就放松了对孩子的管教，甚至对孩子溺爱有加。但我想日本社会正因为父母那代人年轻时努力学习，到了孩子这一代才能过上富裕的生活。

父母有义务将孩子培养成一个能够自食其力的社会人。虽说如此，"全靠孩子自己做主"这种听起来好像挺有道理的话，很难界定父母在孩子的教育问题上做的是否到位，结果往往导致孩子在做很多事情的过程中半途而废。

父母要坚定地告诉孩子"不行就是不行"

希望父母管教孩子的时候不要顾虑太多，要表现得坚定一些。最近，类似"不行就是不行"的话，对很多父母而言都难以说出口。

"为什么不能这样做呢？"实际上，很多不可以做的事情都没有理由。有些事情不必考虑理由就知道该不该去做，也许这就是文化的影响。在文化的概念中根本不需要说明理由。尽管如此，最近好像一切都需要跟孩子解释清楚，父母承担了太多不必要的解释责任。

在家庭中父母一般都特别重视兄弟姐妹之间的关系要平等。"你是姐姐，所以得让着点弟弟""你不是弟弟吗，所以得听姐姐的话"父母对姐弟双方各有说辞。不过有时候对于难以解释清楚的地方或者一些道德伦理方面的问题，不必解释太多，直接告诉孩子什么是应该做的，什么是不应该做的，这样不是也挺好吗？

用责任意识来提高素质

我们要求孩子具备一定的学习能力，究竟是为了什么呢？通过学习来培养学习能力的是孩子本人，从这个意义上来说，学习是一种自我提高的行为。有的人会把通过这种行为获得的知识和技术，都用在自己身上，有的人则抱着回报社会的想法而努力工作。**我希望孩子通过学习具备一定的能力后，能把自己的能力发挥在为社会做贡献上。**

在校园生活中，独善其身的想法大概也能行得通。但是一旦步入社会，基本上都是在团队里工作，**团队合作精神的重要性远远超过了学生时代**。虽然也有一些工作通过个人努力就可以完成，但是这些工作的成果还是要回归社会，作为个体还是要和社会，和周围的人产生联系。

现实情况是，即使一个人能力超群，仅仅靠个人努力就能将这份能力充分发挥出来的职业实在是太少了。无论一位医生医术多么高明，手术做得多么精湛，都要和麻醉师以及助手们一起组成一个团队来进行手术。如果没有周围的这些人，这位医生就不能发挥出自己的水平。我想当一个人直接面对这种情况时，就会意识到团队的重要性，就会明白仅靠一个人的力量是不行的。

品格教育就是教我们如何考虑问题。 从小被娇生惯养，被父母按照"只要自己好就行"的想法养大的孩子，长大以后也只会成为自私自利的人。

☆ 具备责任意识

全面培养包括社会常识和修养的人格教育才是最重要的。

中学时代是形成自我的关键时期，也是为将来步入社会锻炼能力的时期。**在孩子的成长过程中，必须教育孩子具备基本的社会常识和道德修养。** 另外，权利和义务是统一的，不可分离，必须**让孩子认识到不履行义务，只追求权利是一种可耻的行为**。

希望父母一定要将责任意识作为一种精神传承给孩子，让他们从中学时代就开始学习这种精神。

一点建议：

- 培养能用自己的学识为社会做贡献的优秀人才是每位父母的义务，为了履行这种义务，请父母坚决地对孩子说"不行就是不行"。
- 让孩子领会责任意识，明白在关键时刻必须挺身而出承担责任。

第六章
激发孩子面对考试不服输的劲头

作者：吉留博巳

毕业于庆应义塾大学理工学部。在佐鸣补习学校作为"保卫地球和平的数理教师"活跃于教学第一线。多次参与录制影像课程@will，该课程以在快乐中将知识输入大脑的教学风格深受学生喜爱。

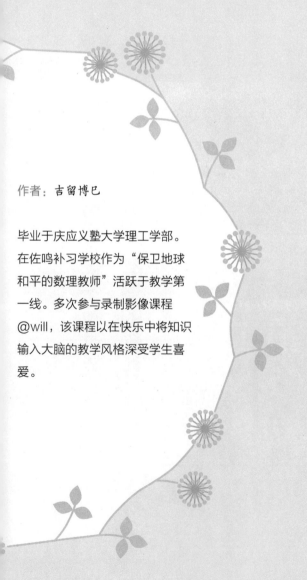

01_
为了达到目标学校的要求而改变自己

把教育当成实战训练

现代日本社会经济文化发展到了一定水平,对于初中生和高中生来说,在这样的社会环境下生活就好像温室中的花朵一样,每天都过着与世无争的生活。

但是等这些孩子告别校园生活以后,马上就会被卷入社会竞争的激烈旋涡中。在步入竞争激烈的社会之前,能够在同龄人这个有限的范围内进行的一种有效的训练方式就是学习和考试。通过学习和考试,孩子可以了解将来步入社会后参与社会竞争的基本情况,可以在一个安全的环境下进行培养竞争意识的训练。

合格是指符合标准或要求

合格是指符合一定的标准或要求。比如理想的高中或大学,都有各自的录取要求。为了达到目标学校的录取要求而进行的战斗就是升学考试。然而,这场战斗无法通过"与上次期末考试相比总分提高了"所体现的个人实力的增强,或者"获得班级排名第一"这种相对竞争的结果来进行预测。可以说升学考试是一场"自己与高中和大学"一对一的比赛，是和录取分数线之间的直接较量。

孩子首先必须了解目标学校的录取标准，除了考试科目和各科要达到的分数线以外，还要了解该校的校风校纪以及在这所学校能学到哪些东西。了解了学校的具体要求后，再努力让自己符合这些要求，就是升学考试的开始。

通往成功之路——备考的三个阶段

准备考试的过程中如果在以下三个阶段稳扎稳打，就能顺利通过考试。

第一阶段，寻找符合自己目标或理想的学校。其次，为了达到目标学校的要求而改变自我是非常关键的第二阶段。在第三阶段通过考试，这是第二阶段所进行的所有努力的结果。

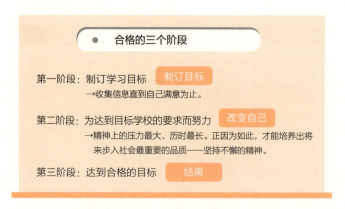

在第一阶段，要多向人请教，多听取他们的意见。为了以后在任何情况下都能坚信自己的选择并朝着自己的目标不懈奋斗，在这个阶段一定要多收集相关信息并结合自身情况进行分析，直到自己认可接受为止。

参加考试的意义在第二阶段充分体现。这个阶段历时最长，也是精神上最疲惫的一个时期。但是这个阶段付出的辛苦，慢慢地会沉淀为孩子将来步入社会后最坚实的力量。当一个人"想进入某家公司""想从事某项工作"，但自己的实力和目标之间存在差距的时候，就必须改变自我。在达到目标之前，要让自己具备一种不轻易妥协、勇往直前的力量。

为了达到目标，必须用自己的意志去抑制除此以外的其他欲望。要忍住不去玩游戏，不去看电视，把时间都用在学习上，这**需要很强的自我控制能力**。注意为了达到目标并不是改变想要考取的学校，而是要改变自己。

有的父母担心孩子每天学习会变成古怪的书呆子。其实不必有这种顾虑。只要孩子自己积极地朝目标前进，为了考取理想的学校而努力，父母应该给予支持。

当然，如果这个目标是强加于孩子的，或者是孩子随波逐流而设定的，那么目标即使实现了孩子也不会感到开心。在第一阶段，是否经过认真考虑制订了一个即使改变自己也想要实现的目标，是非常重要的。

学历不会变为财富，只是一个目标，**朝着这个目标不断努力，不断改变自我，才是今后人生的财富**。父母要鼓励孩子的正是这种不断努力的行为。

最近，我发现很多孩子在第一阶段确定了想去的学校以后，都以为不用付出努力就可以直接进入第三阶段。有的孩子什么都没做，就来问我："老师，我能考上吗？"对一个没有经历过第二阶段，没做过任何努力的孩子，我真是无可奉告。第二阶段历时最长，也最辛苦。如果不经历这个艰难痛苦、必须改变自我的阶段，就不能一点点抵达第三阶段的终点。

如果发现自己的实力和目标学校的要求相差悬殊，有的孩子会立刻放弃向往的高中或大学，然后降低自己的目标。他们的目标不是为了考取理想的学校，而是为了考上一所学校，他们没有去努力改变自我，而是改变了自己的理想。这样的孩子不会努力学习，随着时间的流逝，到了考试的时候，只能以自己的成绩报考一所相应的高中或大学。

父母不仅要关注第三阶段的结果，也要对孩子在第一阶段和第二阶段所做出的努力给予肯定。在第一阶段制订出努力的目标，这本身就是一件很棒的事情。在第二阶段，能够坚持奋斗到最后 1 分钟、1 秒钟，即使是大人也很难做到。学生时代的考试不是人生的终点，而是人生的一个通过点，接下来人生仍在继续。但是，这个过程中所积累下来的经验一定会伴随着孩子的成长，并且在将来的某个时刻发挥作用。

备考需要虚心

在准备考试的过程中，虚心是必不可少的。特别是在确定目标学校的第一阶段，要广泛听取别人的意见，在收集学校相关信息的过程中，虚心的态度非常重要。

孩子成长过程中都会受到周围环境的影响，在身处的环境中一点点长大。

我生于日本南部的鹿儿岛市。鹿儿岛史称萨摩藩，在过去的萨摩藩，有一种由父辈、兄长传道授业的教育模式，称作"乡中教育"。听说在这种教育模式中，孩子被分成两个团体，15 岁以下的孩子被称为"稚儿"，15 岁以上的孩子被称为"二才"，所有的知识、道理以及经验都由长辈向晚辈进行传授。

在"乡中教育"模式下，能够很好地理解长辈言行的"稚儿"，在进入"二才"的阶段后，会更有可能成为其他孩子的领导者。和现代社会中的孩子一样，如果没有一份虚心的态度，将无法欣赏悠久的文明和传统。

反抗精神固然重要，但不能胡乱地反抗一切。**虚心地倾听前辈充满智慧的教诲，无论在什么时代、什么环境下都非常重要。**

本章不仅给父母提出了一些建议，还介绍了很多可实践的学习方法以及孩子在应试前的心理准备，可以让孩子直接阅读，也可以读完讲给孩子听，希望能为孩子准备升学考试提供帮助。

> **一点建议：**
> - 考试是进入社会竞争前的实战训练，鼓励孩子不要逃避，勇于接受挑战。
> - 为了让自己符合目标学校的要求而不断努力，这便是考试的意义。
> - 通过考试培养起来的自控力以及不断努力的态度是孩子一生的财富。
> - 备考过程中需要有虚心的态度。

02

希望通过考试养成的学习习惯和思维方式

人的能力会迫于需要而被激发出来

在生物进化的过程中，"与现在做斗争，才能进化发展"这句话让我感触颇深。它的意思是：在漫长的历史进程中，只有与当下不断变化的环境进行斗争，并且在斗争中完成进化的生物，才能够存活下来。

一部分哺乳动物的体内能产生一种将脂肪进行分解并转化为水的酶。这种特殊功能是一般哺乳动物不具备的，但是生物学家却在骆驼和鲸鱼身上发现了这种功能。骆驼能够在没有水的沙漠环境中生存，鲸鱼能够在咸咸的海水中生存，它们都面临着必须忍耐的严峻现实。我们可以看到，骆驼和鲸鱼实际上处于相同的困境，它们都是在严酷环境下生存。据说只有那些与严峻的生存环境做斗争，使个体能力得以进化的种族，才能够生存下来。

孩子也是一样，背负考试的压力，是锻炼他们具备强大而特殊的生存能力的极好机会。

养成做事不拖拉的好习惯

准备参加考试的孩子必须养成现在的事情现在做的好习惯。对那些上了中学以后仍习惯于拖拖拉拉的孩子，要施加一些压力，让他们感受时间的紧迫。比如，以前花 10 分钟解决的问题，训练他们用 8 分钟完成。

在公立中学，虽然老师会批改作业，但只是检查做得对不对，不会对完成作业所用的时间进行点评。因此当孩子快速完成作业时，请父母给予表扬，这样孩子就会为了能在短时间内完成作业而集中精力学习。

有的孩子不会合理安排时间。与步入社会后的成年人相比，中学生其实真的没有太多事情。要想让孩子意识到学生时代是最有时间的，就要想办法把空闲的时间有效地利用起来。很多孩子一方面积极参加社团活动，另一方面努力准备升学考试。中学时代如果能够养成合理安排时间的好习惯，以后就会非常顺利。考试可以培养孩子"现在的事情现在做"和"快速完成作业"的好习惯，同时通过备考复习也可以把这些习惯保持下来。

有的孩子在社团活动中担任部长，有很强的责任感，被学弟学妹们仰慕，在班级也被委以重任。但是我有时会听到他们感叹："为什么大家什么事情都找我，我没有时间啊！"听到这样的叹息，我对这个孩子说："大家都找你是因为大家信任你，忙说明你是一个受大家欢迎的人。"我告诉他，如果觉得自己忙，不妨换个角度告诉自己"我其实是一个受大家欢迎的人"。以前这个孩子总抱怨："老师，我忙不过来了。周五、周六、周日最糟糕……事情都赶到一起了。"现在他会这样跟我说："老师，这个周五、周六、周日我是最忙的大红人。"

培养孩子无论遇到什么事情，都从积极的方面去考虑，乐观地面对一切吧。这样，孩子将来步入社会后也会用同样的态度对待工作，从而也能够享受工作的过程。

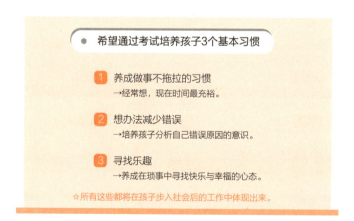

在适当的时间学习适合的内容

在适当的时间学习适合的内容，可以有效地利用时间。

晚上适合背诵，早晨适合做计算练习。语文、英语的长篇阅读做上以后就不能停下来，这样的练习放到傍晚去做吧，做不完可以一直持续到晚上。理科（数学、物理、化学）和社会（历史、地理）等自由研究的内容，安排在时间比较充裕的周六、周日，这样可以有时间仔细查阅资料。

● 在适当的时间段学习

早晨：计算题
→代替闹钟，让大脑彻底清醒。

傍晚：英语、语文的长篇阅读
→一旦开始做就不能停下来的题。

晚上：背诵
→睡觉之前背诵容易记住。

周末：自由研究式学习
→理科、社会等需要查阅资料的科目。

综上所述，把早晨学习效率高的科目和晚上学习收获大的科目分开，安排在不同的时段进行学习，晚上学习结束后立即上床睡觉。

另外，我建议给孩子一些时间方面的压力。本着哪怕早睡 1 分钟也好的原则，努力提高学习效率。我常对孩子说"如果现在做不到抓紧时间，将来工作以后就得面临加不完的班了。"

培养分析错误原因的意识

▼减少错误的办法——提高背诵的质量

背不下来的孩子普遍存在一个问题，那就是想"一会儿查一下就行了""以后再背吧"。**一定要让孩子有一股"现在必须背下来"的学习劲**

头，养成学完以后立刻记住的习惯。

日本是一个文具用品特别发达的国家，形成了自己独特的"笔记文化"。因此越来越多的孩子陶醉于用漂亮的荧光笔制作色彩斑斓的笔记本。做漂亮的笔记并没有什么不好，问题是如果光想着以后再看，不抓紧时间背下来，那就相当于将碳素擦在纸上而已，没有任何意义。这种情况下，记不住也是理所当然的了。

有的孩子只记得在漂亮的活页的右上角，用红笔工整地写好了，但是具体内容却不记得了。虽然笔记记得很漂亮，但是最关键的内容却忘记了，这样的笔记又有什么意义呢？人的大脑中储存记忆的脑细胞如果不接受刺激的话，就什么也记不住。极端地说，是否将信息整理到笔记本上不重要，重要的是能否全部牢牢地记在大脑里。

日本人有时为了记住常用汉字，反反复复要练习写好多遍。相比之下，中国人比日本人使用的汉字要多得多，那么他们是怎么记住汉字的呢？我曾经问过这个问题，据说他们是"目不转睛地凝视，然后只用笔写一遍"，好像这样做一次就记住了。日本人习惯反复照着抄写，在这个过程中与其说是练习字的写法，不如说是机械的抄写，这种学习方法需要注意。

在记忆的过程中，并不是说用笔写了就可以，也不是说写了多少遍就可以。归根结底，**注意力集中到什么程度才是最重要的**。如果写的时候不能鼓足劲头对自己说"一定要记住"，就可能精力分散什么也记不住。

另外，身体状态对记忆力也有影响。比起吃饱了以后，**肚子饿的状态更有利于记忆**。"把这部分内容背完再吃饭"，背诵时让身体处于饥饿的状态，是不错的办法。剩下的就是大家经常用的方法，**反复背诵直到记住为止**。

早晨刚起床，做几道计算题能让人神志更快清醒，计算题就好像闹钟一样能够唤醒人的思维。"**早起三道题**"这句口号，模仿的是日本谚语"早起三分利"，我们平时经常对学生这么说。早晨起来后如果做一些剧烈的运动，比如跑步或者腹肌背肌训练，会让人感到很疲惫，但是做三道题正好可以在正式学习之前起到热身的效果。

- **背诵的窍门**

1. 集中精神，下定决心"一定要记住"。
2. 当场背诵。
3. 空腹背诵。
4. 反复背诵，直到记住为止。

- **想办法消灭计算错误**

1. 锻炼计算的基本功
   →每天早晨做计算题，早起三道题！

2. 一定重新做一遍
   →错误的题一定要动笔重新做一遍。

▼消灭错误的办法——计算要准确

孩子很清楚自己什么题容易错，而且有时会被这种潜意识束缚。乘法容易错的孩子会觉得自己除法也算不准，一遇到计算题中出现位数多的数字，或者小数点后位数多的数字，就会有一种成见，觉得算起来费劲。

有些孩子轻视中间的计算过程，不写计算步骤，只看答案就觉得自己明白了，这样的孩子计算错误是不会减少的。虽然看完答案觉得自己明白了，但如果不亲自计算确认一下，就永远也改不掉计算不准确的毛病。

如果觉得自己明白了,那么先不要看答案,试着在纸上把计算过程完整地写一遍。如果不看参考答案或笔记就写不出来,那么就意味着实际上并没有掌握好。

有的孩子计算错了,却在检查时,发现不了。如果让老师看一下解题过程,估计老师马上会发现问题的所在。当自己很难找出错误原因时,去找任课老师或者补习班的老师,请他们帮忙分析一下吧。有的孩子仅仅因为把数字写在草纸的角落,又写得特别小,所以才搞错了。如果在纸的背面把数字写得大点儿就不会出现错误了,理由就是这么简单。

练习两位数以上的乘法可以培养孩子做数学题的基本功。如果把数学运算与人体的生长做类比,那么熟练掌握两位数以上的乘法就相当于搭建起一副健全的骨架,而在小学、初中阶段强化复杂小数的计算,就相当于为骨架增添结实的肌肉和力量。健全灵活的骨架再配上结实的肌肉和力量,就会极大地增强人体的运动能力。同样道理,运算能力大大增强后,就不易出现计算错误了。现阶段只要通过练习,具备健全的骨架和结实的肌肉,就会在将来高考中发挥重要作用。

临近考试的特效药——肢体背诵法

☆ 最厉害的输出方法——肢体背诵法

将身体的凸起部位,分别对应需要记住的知识点,反复运用肢体输出这些知识点。

我有一套命名为**肢体背诵法**的记忆方法，这套方法最初是受非洲孩子学习方法的启发而创造出来的。在非洲，很多孩子既没有纸也没有笔，上完课以后他们看着黑板上的字，只能拼命地争取当场背下来。然后在回家的路上，一边拍打身体一边进行背诵。

他们将自己身体的突起部位和需要记住的知识点一一对应，然后将这些知识点不断地反复输出。比如，左手的手指可以对应5个英文单词。如果让大拇指对应苹果，每次摸大拇指的时候，就会回想起"apple→苹果""苹果→apple"的英汉、汉英互译，并且大声读出来。如果是两个重要的数学公式，就使用右肩和左肩来协助背诵，每次碰到肩膀就会想起公式内容和解题方法。如果只有一个重大历史事件，他们就会拍打头部或臀部，集中精力进行背诵。

如果能像非洲的孩子那样，形成在触摸身体某一突起部位时一定会想到什么的习惯，那么无论何时何地都能够反复进行这种输出式学习。再加上第二天又要有新的内容需要背诵，所以他们会有一种压力，觉得今天学的内容一定要在今天记住，这也是一举两得。

用笔将知识抄写在纸上属于输入式学习，而**肢体背诵法属于输出式学习**。运用肢体反复进行输出式学习，这种输出的经验不断积累，手指不再是单纯的手指，而是一个标志性按钮，按下它就能回忆起那个怎么也记不住的单词。**把知识与人体的五官联系起来就比较容易记住了，这种方法在紧张的考试前夕是最有效的**。

晚上睡觉前，房间里一片漆黑，躺在床上闭上眼睛就可以把今天学过的知识复习一遍。如果全都记住了，就可以安心地睡觉了。"咦，第三个是什么来着？"如果怎么也想不起来，可以起床把灯打开重新背一遍。我上学的时候，哪怕只有一个知识点没记住，都要把这部分内容重新背一遍。之所以要这样做，是因为今天没记住的内容，明天再回忆起来是不可能的。

有时候孩子会觉得自己的脑细胞已经消耗了很多，想要偷偷懒，心想："今天已经背这么多了，应该可以了。"但还是应该试着突破一下自己的极限，把当天学习的所有知识都回想一遍，就可以好好地休息了。每天都坚持这样练习，渐渐地就能一次记住了。

无论学习成绩如何、上几年级，谁都可以运用这种方法来掌握知识。如果觉得5个知识点多，那么一天就从背3个知识点开始。但是，如果不进行这种回忆式输出，就无法切实地使成绩得到提高。除了肢体背诵法以外，请孩子多动动脑筋寻找其他更适合自己的背诵方法吧。

输出是最好的输入

很多孩子会有这样的经历，考试时完全不会做的题，看完答案马上就明白了，因此有的孩子就会想："原来这么简单呀，我当时真是失误了……"但实际上这并不是失误，在这样的心理状态下，下次考试还是做不出来。看完答案后觉得"这道题明明会做"，这种理解程度说明知识的输入是不充分的，在接下来的考试中还是无法达到正确输出的水平。

这样的孩子普遍都不愿意向老师问问题。即使提出了问题，也只是停留于形式，并没有做到深究细讨。老师讲完后，孩子明白了："啊，原来是这样啊"，但是请注意学习并没有结束，自己还要再整理思路重新做一遍。也就是说**要试着进行输出，确认能否按照老师讲的步骤一点不差地做出来**，这样才真正完成了"提问→理解→内化（转化成自己的东西）"的一系列过程。我希望家庭教师在给孩子讲完题以后，能进行一个输出的小测验，"明白了吧，那好，你自己试着做一下"，通过这种方式考查孩子是否真正听懂了。

平时考试分数高的孩子都是典型的完美主义者。正因为如此，他们总是怀疑自己。平时做练习的时候，他们认真做题，反复检查。考试答完题以后，他们检查得更加认真。所以，他们犯的错误自然就会减少。由此可见，**检查的习惯是非常重要的**。

经常犯错误的孩子往往都过于相信自己。在他们的意识中，检查是一种很麻烦的行为。很多孩子辩解说自己属于不会检查的那种类型，这样的孩子要认识到自己的性格中存在大胆而又粗心的问题。

不管怎样先养成输出的习惯吧。**从怀疑自己到能够相信自己为止，将输入与输出作为一套学习流程，反复进行练习**。关于背诵（输入）的王道，有这样一句话："输出就是最好的输入。"

给同学讲题也是一种有效的输出学习法。这种情况下讲题的同学和听讲的同学双方都受益，但实际上讲题的同学受益更大，是听讲的同学的两倍以上。因为讲题的同学已经进入输出阶段，而听讲的同学才刚进入输入阶段。如果第二天考试出现了这道题，听讲的同学可能自己还做不出来，但讲题的同学却能做得很熟练。孩子擅长哪个科目可以让他多给其他同学讲题，这样也可以进一步提高自己。

● 有效的输出

1. 提问→理解→内化
   →按照老师的讲解，试一试能不能自己做出来。

2. 养成输出的习惯，反复练习直到掌握为止
   →考完试后重新检查，重新解答，不要太相信自己，要多质疑。

3. 给同学讲题
   →教别人是最好的输出方式。

集中注意力的技巧和激发学习动力的方法

复习时需要集中注意力，孩子在训练自己长时间保持专注力的同时，

也要让自己具备可以支撑这一切的体力。

集中注意力的过程中通常经历三个阶段：

第一阶段：变换学习科目。例如，每隔30分钟换一门科目。

第二阶段：变换学习场所。例如，自习室、走廊。

第三阶段：变换学习姿势。例如，站立、端坐、走步。

我曾经一边练下腰一边背古文，连家人都把我当成了怪人。但如果学的是自己喜欢的科目，我想就能端坐在榻榻米上的矮桌前，而且能坚持学习很长时间，直到坐得腿麻了才会停下来。孩子可以根据自己的情况多想想办法。

按照计划完成了学习任务，可以在日历上画个○或者★，这会让自己充满学习动力。如果不能按照计划执行，一般都会在日历上做个标记，但最好不要画×或者△。**做得好的时候表扬自己，给自己正面的暗示，这是长期坚持下去的诀窍。**

从竞争对手那里得到力量

☆有竞争对手能延长学习时间

备考的过程中，如果**身边有一个实力相当的竞争对手，学习持久力将会大大提升**。可以的话，找一个在学习上投入时间和自己差不多，而且实力相当的对手比较好。

例如，在自习室，老师让这对好友避开彼此的视线，离得稍远点学习。如果离得近坐下，他们就会说"去喝点饮料吧"之类的闲话。学习的时候保持一定距离，不能随便说话，这是需要注意的关键。

"有点累了，休息一下吧"，这样想着，回头看一看坐在远处的好友，正在努力学习。"那家伙还在学习呢，那我也再坚持一下吧"，这样一想就能继续学习了。对方也是一样，想要休息的时候看到好友正在学习，也跟着继续学习了。什么时候两个人都想休息了，同时望一眼对方，才开始第一次休息。如果是一个人，也许只能坚持100分钟。但如果是两个人，学习时间就能延长到150分钟，学习持久力会明显提升。

在备考时，历史、政治等学科的叙述题，需要把答案完全背下来。这样的内容可以在第二天和好友一起互相提问，检查对方背诵的效果，这也是非常好的学习方法。对方如果是一个不轻易服输的竞争对手，那么这种共同学习的方式就会顺利进行下去。这样的话，今天没复习好的孩子就会想："我也能背好"，然后回家认真复习，到了第二天背得比好友还要流利。一旦建立起这样的关系，就能通过竞争背下来篇幅很长的标准答案，最终完全掌握。说到竞争，本来就是学习努力程度的竞争，如果觉得竞争对手学习很努力，就会产生一种动力，想要比对手学得更努力。

学习的最高境界是基于自身的需要而学习

应试复习分成一流、二流、三流三种境界。

① 三流复习根据"喜欢""不喜欢"而学习。

② 二流复习根据"擅长""不擅长"而学习。

③ 一流复习基于自身的需要而学习。

应试复习和工作一样，只做自己喜欢的事是三流的工作态度，只做自己擅长的事是二流的工作态度。如果客人提出要求，即使自己不喜欢，不擅长，也要按照客人的要求认真完成，这才是一流的工作态度。对于考生来说，学习属于基本工作领域，即使不喜欢或者不擅长，也必须把升学考试所要考查的知识掌握到一定程度。正因为如此，跨过这道难关才会有一种成就感。

工作有截止日期，必须在对方要求的时间范围内完成。应试复习的截止日期就是升学考试那一天。如果没在规定的时间范围内完成复习，就不能顺利通过考试。什么是必须掌握的知识，要掌握到什么程度，这不是自己决定的，而是由目标学校来决定。高中入学考试意味着只有达到目标学校的要求，具备相应的学习能力和知识水平，才能进入目标学校就读。这与考生本人喜欢不喜欢、擅长不擅长没有关系。只有满足目标学校的要求，才能考入理想的高中或者大学。

社会也是如此，任何一项工作都要按照对方提出的要求，在一定的时间范围内保质保量地完成。用这样的态度学习才是一流的应试复习。

在应试复习中找到乐趣

为了考上一所理想的学校，有时必须控制住自己想出去玩的兴奋心情，不管什么情况都要坚定地坐在书桌前学习。尽管如此，无论考入名校的渴望多么强烈，仅仅靠刻苦读书是难以坚持下去的。

有时改变一下自己的想法，在艰难困苦中也会寻求到快乐。就像前文中提到的忙碌的人，换一个角度想就是受欢迎的人。**希望孩子无论遇到什么事情，都能从积极的方面考虑问题。**"做完这本习题集后，吃一个最喜欢的冰淇淋吧"，**给自己一份小小的奖励是个不错的办法。**其实什么事情能让自己高兴，自己心里面是最清楚的。**自己奖励自己，心情就会不断地向积极的方向转变。**

无论如何都振作不起来精神，我建议不如干脆放下手头的功课，去梦寐以求的学校参观一下吧。在自己梦想中的学校门前拍张照片，在校园的草坪上随便躺下来遐想未来，去学校的食堂吃顿便饭，在校园里体验不久的将来自己要在这里度过的充实生活。如果梦想中的学校不在自己生活的城市，离得太远不能实地拜访，可以看一下学校的宣传手册或者登陆学校的网站进行浏览，一边看一边憧憬一下未来的学习生活也不错。总之，**对目标的印象越具体，实现目标的想法就越强烈。**

此外，再介绍两种我自己总结出来的学习方法，希望对孩子有所帮助。

① 比如，在6月8日这天，我找到了一种独特的学习方法，以后每个月的8日，作为纪念，我都会试着用这种方法学习（在日历上画☆做标记）。这样每个月都会想起这种学习方法，通过实践能让这种方法越来越完善，而且能让自己将学习内容掌握得更好。

② 如果背下来一道很难的题，第二天到学校就和朋友进行交流，互相提问并进行回答。朋友的一句"真了不起"会让人从心底感到兴奋。对于初中三年级以及高中的孩子而言，被朋友刮目相看比得到父母的表扬更令人高兴。

在应试复习的紧张状态下，如果能培养出从日常琐事中找到幸福与快乐的心态，那么在未来的工作和生活中，无论遇到什么困难，孩子都能够用积极乐观的态度渡过难关。

> **一点建议：**
>
> - 背诵时可以使用肢体背诵法等输出式背诵方法，通过反复输出让大脑的记忆更深刻。
> - 应试复习是指为了达到目标学校所要求的学习能力和知识水平而进行的一项学习工作。

03_

考试只是前进路上的一个通过点

将第一志愿坚持到最后

在应试复习的过程中，希望孩子能够坚定地将第一志愿坚持到最后，不要去想"如果考不上怎么办"，而应该有一股破釜沉舟的学习劲头，认定自己的目标只有这一所学校，如果没考上就只能去社会工作了。不要总想着平行志愿的学校或者其他学校，不能在心里提前为自己安排好退路。

请父母也一定不要对孩子说："如果考不上的话……"大学入学考试也是一样，不能说"如果落榜怎么办"之类的话。人们之所以会这样说，是因为想提前做好心理准备，其实从这句话说出口的一瞬间开始，人们就已经向自己示弱了。

比如，在体育赛事中遇到了强劲的对手时，"绝对不可能赢，不是明摆着输吗？"如果这样想，不可能越练越好。只有内心真正渴望赢这场比赛的时候，才会全力以赴地投入练习，虽然这个过程很辛苦，但是实力确实能够得到提高。

爱知县每年有两次报考县立高中的机会。有一个孩子的初中班主任对他说："重点高中你很难考上，就报考一所排名在第二位或者第三位的高中吧。"但是那个孩子却坚持一定要考重点高中，在第一次考试中他报考了自己梦想中的学校，结果他没有考上。在第二次考试中，他最终考上了排名第二位的高中。他说："我并不觉得自己输了。没考上确实觉得不甘心，所以今后我也会努力的。"只要**全力以赴去做，即使失败了也会得到一件宝物，那就是"不甘心"**。只要一直有这份不甘心的想法，就会在新的学校脱颖而出，并且在三年后的高考中转化为成绩飞跃的原动力。

相反，如果自己也觉得考不上重点高中，于是就放弃了这个想法，在第一次考试中报了排名第二位的高中并且顺利地考上了，那么入学以后这个孩子的成绩很有可能在不知不觉中就变成了中等，甚至会滑落到后面。

因为知道凭自己的实力考入第二志愿的高中绰绰有余，所以孩子从最开始就不会重视周围的人和事，对老师和同学也缺乏应有的尊重。"我并不想来到这里，只不过顺其自然就考到这儿了"，这种松懈的态度会让人渐渐地距离努力越来越远。

我曾经听说在重点高中成绩靠后的孩子不如到普通高中去做上等生，但这只是针对刚升入高中后的情况而言。在接下来的三年中，情绪波动较大的高中生们，成绩也会发生很大的变化。适应了新的环境后，事实证明很多孩子的成绩都稳定在了全校中等水平的位置。即使当初拼命考进这所重点高中，入学时排名在后面的孩子，也很有可能被这个庞大的中间群体所吸纳。当一个孩子环顾四周看到大家都在努力学习时，他会觉得自己不学习都不好意思，在这样的环境压力下孩子才能够得到锻炼和成长。

有勇气挑战自己第一志愿的孩子，考上他会收获自信与喜悦，没考上他会得到另外一件宝物，那就是对今后起到激励作用的"不甘心"，无论哪种情况他都会有很大收获。但是对于那些还没努力就放弃了的孩子，因为他们将自己的志愿降低了，即使考上了也不会觉得高兴。最重要的是没有坚持自己的第一志愿，这份遗憾会使他们的内心深处蒙上一层阴影。

正确看待失败

孩子参加考试的时候，虽然很多父母想助一臂之力，但只能默默地守候。孩子参加考试前必须想好，这是自己主动要参加的，而不是在父母和老师的强迫下参加的。因此，这种情况下父母应该对孩子说："**既然决定参加考试，那就拿出学习的劲头好好准备吧**"，这才是父母对孩子最有力的支持。

一旦面临考试，相对于孩子的想法，很多父母更关注孩子能不能考上。如果父母的想法是尽量避免孩子考不上，那么最简单的做法就是报考一所比孩子的能力水平低的学校，这样就不会考不上。

但是**我希望父母和孩子在考虑这个问题的时候，不要把没考上理想的学校看成是一件失败的事情**。请告诉孩子，在知道目标学校的要求比自己水平高的情况下，还能够下定决心要达到那样的要求，这种真正想改变自己的姿态真是太帅了！

如果出现意外没有考上，得知结果后的一段时间内情绪低落是正常的。正因为努力了才会觉得不甘心，情绪才会低落。说得极端一些，考上或是没有考上本身的意义并不大。究竟抱着什么样的态度参加考试，这个过程中感受到了多少喜悦或者多么不甘于失败，才是展望未来最有意义的生活体验。第一是高兴的眼泪，第二是不甘心的眼泪，不掉一滴眼泪就能轻松考取是不可能的。

考上或是没有考上说到底就是人生道路上的一个通过点。接到没有考上的通知后，父母要立刻告诉那些认为自己输了或者失败了的孩子："这只是人生道路上的一个经过点"，要对他们一直以来努力学习的拼搏精神给予表扬。有勇气向目标发出挑战，并朝着目标坚持不懈地努力，这件事情本身就已经可以弥补没有考上的遗憾了，努力的过程才是最具价值的，是很了不起的一件事情。

哭着练习，笑着考试

如果在学习过程中要求不严格，考试时就会紧张，导致出现失误。我经常对学生说："练习时要像正式比赛一样严格要求自己。"

穿着随意的家居服在房间里磨磨蹭蹭地学习是不行的。为了在正式考试时避免发生由于紧张而导致发挥不出实力的情况，应该让孩子穿上校服到学校图书馆或者自习室去学习。平时学习时严格要求自己，这样正式考试时就会像平时练习一样放松了。

没有什么暴风雨前的平静——坚持不懈地努力才会取得成功

暴风雨前的准备被称为努力，暴风雨过后的平静才是成功。天才确实是存在的，但是一心想做天才，却不去努力，这样的人目前只能是一个普通人。我也是一个普通人，对于包括我在内的普通人来说，最厉害的武器就是坚持。成为一个努力的天才才是最值得选择的一条路，因此遇到困难不轻言放弃的精神是非常重要的。

考试前突击一夜，押中了考题偶尔得了高分，这不是实力的体现，更不是成功。在日常生活中，一直坚持不懈地努力，有这样的习惯作为基础才能取得成功。

只有坚持不懈地努力，最终才能获得自信。一点点地建立起自信心的人，能将这种自信的气场传递给周围的人，形成信赖。将这种信赖长期保持下去，就会得到周围人的尊敬和感谢。长大成人以后，通过工作能够体验"努力→被信赖→被尊敬和感谢"的人生，这就是我想告诉学生的幸福人生。

想要被人尊敬，想要从事一份让人感谢的工作，不是一蹴而就的事情。首先，我想对准备参加考试的学生说："**从现在的努力拼搏开始**。"**认真备考的这段日子绝对不会虚度**，即使有时会让人感到痛苦与煎熬，但还是希望大家能够用长远的眼光看待考试，把考试和未来的发展联系起来，努力做好现在的事情。

一点建议：

- 将自己的第一志愿坚持到最后，无论结果如何，都可以无悔地说自己努力坚持下来了。
- 考上或是考不上只是前进路上的一个通过点，告诉孩子朝着目标坚持不懈地努力才是最重要的。
- 平时学习要像正式考试一样严格要求自己（穿着、坐姿等），这样考试的时候才能放松，完全发挥出自己的实力。

04_
迎战"高一分化"——为高中阶段的"5 变"做好准备

到高中为止的人，从高中开始的人

从这部分内容开始，我来讲一些升入高中以后的事情。

应试不是考上高中就告一段落了，它的影响会一直持续到高一乃至接下来的几年。有一本周刊杂志的特刊中登载过这样一篇报道"到东京大学为止的人，从东京大学开始的人"。高中入学考试也是一样，即使考上了重点高中，也不一定能在高中将优异的成绩保持到最后。高中入学考试虽然结束了，但学习并没有结束。如何在新的舞台上更精彩地演好自己的角色，考虑这个问题的孩子和没考虑这个问题的孩子，他们之间的差距非常大。让孩子想象一下进入高中后的自己应该是什么样子的吧。

被别人称赞了不起的冈高生，称赞别人了不起的冈高生

☆努力成为被别人称赞 "真了不起" 的高中生吧！

初中阶段大家都在努力学习，毕业时成绩也都差不太多。但是升入高中后，有的孩子仍能保持原来的学习劲头，稳步前进，有的孩子却一直停滞不前，甚至退步。我一直跟孩子们强调，要保持高中入学考试前的学习状态，要稳中有进。

想必考上自己理想的高中，大家心里都特别高兴，但关键是在接下来的学习中能努力到什么程度。如果能像入学考试前那样继续努力，就能一鼓作气，在年级排名中位居前列，成为名副其实的重点高中的学生。

标题这句话是我在爱知县三河地区的顶尖高中县立冈崎高中与三年级的学生面谈时听到他们讲的一句话。他们告诉我："这所高中有两种学生。一种学生被人称赞'真了不起啊'，而另一种学生却只能称赞别人'真了不起啊'（尽管都在相同的高中读书）。"这番话给我留下了深刻的印象。

对接下来准备参加高中入学考试的初三学生而言，他们可能认为能考上重点高中的400人都属于"被别人称赞了不起的冈高生"，但实际上我之前提到的"到高中为止的人"就不是这样，他们属于另外一种类型，那就是"称赞别人了不起的冈高生"。只有那些"从高中开始的人"才有可能成为"被别人称赞了不起的冈高生"。

无论在东京大学，还是在企业，这种情况都普遍存在。以新的学习和工作环境为目标而努力，就应该有明确的方向，知道自己进入这个环境后需要做什么，而不应该以进入这个环境为目的。如果以考入大学为目的，有的孩子即使考上东京大学也会问："妈妈，接下来我应该做什么？"

升入高中意味着一个新的开始。在这个新的学习环境中，原来的名次顺序被打乱，重新开始排列。即使在初中成绩非常好的学生，升入重点高中后也会感到山外有山、人外有人，在这个学霸云集的地方也许自己的成绩只能排在中等甚至靠后。

但是没有必要因此而沮丧，高中有它自己的评价标准。

升入高中后，要尽早意识到高中入学考试和大学入学考试是规则完全不同的两种选拔模式，要调整作战思路和学习方式，朝着新的目标继续前进。

经过高中入学考试的磨炼，孩子会培养出**对待学习不厌其烦的耐性、承受繁重学习任务的体力，并获得自己独到的学习方法**。希望孩子能不断地总结经验，提升自己，在接下来的高中三年中再接再厉，勇敢地向大学入学考试发起挑战。

● **高一时希望以下几个方面有进步**

1. 不厌其烦的学习耐力
   → 在必要的时候，学习必要的知识，希望孩子具备这种强烈的目标意识，并养成良好的学习习惯。

2. 长时间伏案学习的体力
   → 考试前的休息日能够集中精力学习长达10小时以上，要具备这样的身体素质。

3. 找到适合自己的学习方法
   → 高中的学习速度与知识量比初中提高一个层次。要掌握适合高中各个学科的学习方法。

考验学生的环境适应能力——做好应对"5变"的心理准备

升入高中后，学校生活在**课程、定期考试、社团活动、学校活动和人际关系、时间**等方面发生了很多变化。要想应对这5方面（以下称"5变"）的变化，需要提前做好心理准备。可是孩子们没有经验，他们还以为按照和以前相同的步调走就可以，所以总是表现出一副不急不忙的样子。这时候需要应用逆向思维，周围的人要把上高中后将要面对的问题给孩子指出来，这是非常重要的。

① 课程（预习和课题）

中学生一般接触新知识的时候，首先会自己试着思考一下，我想大部分孩子都是这么预习的。但是我在指导升入高中后的孩子时，特别强调要让他们提高自己的信息处理能力。

高中的学习和初中不一样，其难度水平不是自己看看教科书就能看懂的，因此**要把预习看成是上课之前的准备**。例如，高中数学主要靠课堂上认真听老师讲解，所以一个问题预习5分钟就可以了。

预习时先读一遍题，如果看上去会做，5分钟基本就能做出来，做完以后画√做标记。5分钟过后，如果只做出来一部分，就将没有完全做出来的部分画△做标记。然后在下面留出空白，以便老师讲完后把解答的过程补上。思考了5分钟，但还是完全不知道怎么做的话，就画×做标记，在老师讲这道题的时候一定要认真听。

按照这种方法预习，上课的时候就能有重点地听课了。老师讲到画√的问题时，可以稍微放松一下，确认自己的做法对不对就可以了。老师讲到画△的问题时，与前面的内容相比，更要认真听后面没做出来的部分，一边听一边记笔记。当老师讲到画×的问题时，从头到尾一定要全神贯注，认真听讲，把老师讲的做法都记在笔记本上。

● 高中的预习方法

1 预习是为了听课而进行的准备。

2 预习数学，每个问题大概5分钟就可以。

	上课时的心理准备
·做出来的题画√	→听老师讲，确认
·没完全做出来的题画△	→没做出来的部分集中精力听，同时做笔记
·不会做的题画×	→从前到后都要认真听，同时做笔记

☆问题与问题之间要留出空白，把老师讲的做法记下来。

另外，这种学习方法在大学也很有帮助。大学的课程，如果不提前做一些预习，上课是很难能听懂的，有时甚至完全跟不上老师的思路。相反，如果想把老师要讲的内容提前看懂，估计花四五个小时也未必能看明白。如果**在高中养成了抓住重点、适当预习的好习惯**，在大学上课前心里就能有所准备，"这部分内容要认真听教授讲""这部分内容课后要去图书馆查资料"。将来参加工作以后，这种做法同样也会在参加会议或者进修学习时起到很大作用。

如果上了大学以后还只知道抄写板书的内容，下课时写得手都麻了，和复印机又有什么区别呢？而且，这样的孩子记完笔记以后，很少会重新翻开笔记进行复习。他们的笔记被复印后在同学之间传阅，很多人参考他们的笔记考试都得了 A，而他们自己却有一些人得了 B。认真是一件好事，但是不要把认真用错了地方。

所谓课题，中学阶段被称为作业。作业大多是要求短期内提交上来的，但是高中阶段的课题通常给很长时间，要求期末考试之前提交。高中老师不会像初中老师那样追着学生交作业，不过如果不提交作业就不能参加期末考试。在高中一切都要自己负责，要求学生**自觉地、有计划地完成老师布置的课题**。

②定期考试（不同于模拟考试）

高中的定期考试和初中的考试基本相同，有规定的考试范围，并在这个范围内出题。

而模拟考试和升学考试一样，不知道会从哪部分内容出题，也不一定像平时那样从简单的问题开始按顺序排列。考试的本质是在规定时间内的一场夺分大战，因此必须高效率地答对题，得到分。

一般情况下拿到试卷后首先要读题，用√（有信心答对）、△（不确定能不能答对）、×（不会做）分别做好标记，以此来决定答题的顺序。这和预习的做法是一样的。一道题如果标记的是×就先空下，标记的是△，就先在答题纸上做个记号，回头再做。先解决标记√的问题，然后再解决标记△的问题，最后如果没有时间就可以放弃标记×的问题。考试时这样做不会出现后悔的情况，另外错误也会减少。

有些学生考试时没有像预习时那样做标记，他们从头开始按顺序答题，结果考试结束时只答了一半，看一下后面的题，很多都会做但是却没有时间了，就会很遗憾。这种情况如果发生在大学入学考试中，就不能考取理想的大学了。

定期考试与大学入学考试不同，**定期考试重在考查学生在某段时期知识薄弱的领域以及没掌握好的知识点，是对所学知识掌握情况的一次检验**。从这个角度来说，还不如将薄弱学科作为定期考试的科目来进行测试（当然如果报考的大学入学考试中，有自己不擅长的科目，也不要逃避，勇敢地挑战一次吧）。

模拟考试与定期考试相反，是**为了发现自己在哪方面有突出能力而进行的**。"在全国范围内的模拟考试中，这门学科排在这样的位置差不多可以了""比起社会学相关的学科，我还是更适合学习物理和化学"，发现这些以后就可以更加坚定地选择继续前进的道路了。要下决心让自己的名字出现在成绩优秀的学生名单里，在模拟考试之前把自己擅长的学科充分复习好。

③社团活动

如果是因为自己喜欢而参加社团活动，那么无论遇到什么困难，在学习与社团活动之间都要尽量做到两者兼顾。但是毕竟学习才是高中生最重要的事情,如果因为忙于社团活动而忽略了学习,那么就是本末倒置。如果把社团活动当成逃避学习的借口,将来步入社会后可能对工作也不负责任。

正如第一章所述,初中阶段通过参加社团活动可以学到各种各样的东西,但是进入高中后每天的学习都很紧张,所以和初中相比,高中的情况又有所不同。有的高中甚至出现了从高二秋季开始限制学生参加社团活动的情况。建议大家从自己的学习状态、成绩、时间、参加社团活动的迫切程度等方面综合考虑,最后做出无悔的选择。

在高中的社团中,仅仅作为兴趣爱好而进行活动的社团和正式训练参加比赛的社团有很大的不同。前者最适合学习累了的时候放松一下心情,然后再恢复精力充沛的状态。问题是后者,即正式训练参加比赛的社团。这样的社团在练习的时候要求的质与量都是初中社团无法相比的,专业性有了很大的提高,要做好进行长时间封闭训练的心理准备。那些以冲进甲子园等参加全国总决赛为目标的社团就不必多说了,还有很多社团成员将来都想走专业发展的道路,参加社团活动是为了在练习的同时能够进行更多的自主训练。所以大家在参加社团活动时,一定要对自己负责,除了想通过社团推荐升入大学的学生以外,其他人请充分考虑训练需要付出的时间和精力后再做出明智的决定吧。

④学校活动和人际关系

学校里的人际关系就像是社会的缩影。去重点高中看一看吧,体育比赛、球类比赛、文化节等活动都不是强制举办的,和社会上所有的组织活动一样,在这些校园活动中有的学生积极发挥领导能力,有的学生只是适当地参与一下,还有的学生遇事就往后退。当然,如果作为组织者去参与这些活动,会遇到很多困难,但是这个过程中收获也是很大的。

学校举行各类活动时，大家不应该逃避，**要积极主动地参与其中，在这个过程中学习如何与人交往，如何处理人际关系。**

无论社会生活还是学校生活，都属于集体生活。认识到这个共同点之后，就可以把学校当成训练自己的场所，在这里练习如何对自己的行动和言论负责，如何做一个社会人。**时间是找出来的，也是挤出来的。** 希望大家能意识到集体行动和个人行动的不同，自己安排好时间，更多地参与到学校的集体活动中去。

⑤时间

我曾经告诉过我的学生，对于他们来说，**学生时代是人生中最悠闲的时光**，因此要好好珍惜。这样说是希望他们意识到现在不抓紧时间好好学习，是多么浪费生命。

以前，剥夺孩子时间和健康的5个"妖怪"是"电视、游戏、漫画、网络和手机"。现在这5个妖怪合并在一起，变成了一个巨大的妖魔，那就是"智能手机"。

LINE（类似中国的微信）、游戏等不知不觉中浪费了孩子很多时间。在无线网络环境中，孩子一边说："免费的，随便玩"，一边兴高采烈地下载应用程序。看着这些孩子，我问他们："你们真的以为玩2个小时的游戏是免费的吗？你们有没有想过自己的1个小时值多少钱？"

我希望他们能够意识到，把自己宝贵的时间浪费在那些无聊的事情上是多么愚蠢的行为。如果把相同的时间用在考试复习上，为了一个明确的目标而投入时间和精力，日后想起来都会觉得自己真是全力以赴了，这份努力会变成一笔巨大的精神财富。希望孩子能够学会珍惜时间，到了三四十岁的时候，能挺起胸膛说："因为有那个时候的我，所以才有了现在的我。"

☆ 青少年的时间是无价的

正因为有那个时候的我，才有了现在的我。

要认识到10多岁时自己的时间是什么都无法取代的宝贵东西。

可能有人会想1个小时有那么重要吗？**青少年的时间是无价的**。现在的1个小时将来可能会创造出5万日元甚至10万日元的价值。**当然这些钱不是现在就能得到的，而是在将来的某个时点，以某种形式回报给一直在努力的那个孩子**。这就是他少年时代少玩1个小时的游戏创造出来的价值。

如果明白了这一点，孩子就应该意识到，就算免费玩游戏也不值得浪费时间，更谈不上什么划算。相反，这简直是损失了5万日元甚至10万日元的愚蠢行为，是相当大的损失。所以请孩子一定要理智，不要让将来的自己怨恨现在的自己。

现在我们常说孩子注意力不集中，也可以说现在的社会环境诱惑太多，难以让孩子的注意力集中起来。和父母那代人读书考试时的学习环境相比，现代社会确实不利于孩子集中精力学习。在当今时代，我们需要具备与各种诱惑做斗争的能力。希望孩子能够战胜诱惑，度过一个充实而有意义的青少年时代。

高中阶段的学习需要质与量的平衡

学习需要从数量和质量两个方面提供保障。说起中学生学习的数量，大家普遍的印象是"昨天我学习了4个小时""糟了，他做的题目数量是我的2倍呢""我昨天做了80道题""哎呀，我只答对了8道题"等。

但是高中和大学并不是这样。即使学习了4个小时，如果是在半夜磨磨蹭蹭的状态下进行的，那么实际学习的时间可能还不到2个小时。虽说做了20道题，但如果都是一些简单的、不需要答题技巧的计算题，成绩也不会提高。孩子如果知道了学习的必要性，那么就应该明白机械地刷题是没有任何意义的。

对高中生、大学生以及社会中工作的人来说，数量多从某种意义上来说就是占领先机。高中一年级学习二年级的内容，二年级学习升学考试的内容，我们把这种行为看成是量的积累。所谓质量，我们认为就是认真复习。无论提前学到什么程度，仅仅达到了解的水平是不够的。一定要扎扎实实地进行复习，最后达到能够给人讲解的水平。

有的孩子脑海中经常闪现解题的灵感，这种才能特别令人羡慕。但是这样的灵感不是凭空就能拥有的，即使是学习能力最强的孩子，也需要把以往的考题都认真地复习一遍。只有达到这种程度时，才可以说"**努力转化成了才能**"。

一点建议：

- 参加考试的最终目的不是考进一所高中或者大学，升学后能努力到什么程度才是关键！
- 扎实做好应对"5变"的心理准备。
- 在高中，量是占领先机，质是认真复习。要养成"学习的时候就认真学习"的习惯以及"该做的事情就尽快做"的高效思维方式。

第七章 培养孩子自主选择职业的能力

作者：横山浩一

毕业于关西大学。教龄超过25年，教学经验相当丰富。现作为在职教师仍站在讲台上，对学生进行专业指导的同时担任管理职务，负责统筹安排以及培养青年教师。讲话风格沉稳客观，平易近人，演讲得到大家一致好评。

01_
让孩子自主选择将来想要从事的职业

什么是所谓的好工作

提到好工作,大家会联想到什么样的工作呢?

我感觉最近很多人把"好"理解为"轻轻松松地赚钱"。很多父母希望自己的孩子将来能够快乐地生活,因为不想让孩子太辛苦,所以把不辛苦的工作当成了好工作。另一方面,也有人认为"好"的含义是"有益于社会""有价值"。

"我想从事一份好工作""我希望你能从事一份好工作",当父母和孩子这样交流时,他们所指的到底是什么意思呢?

养育孩子的最终目标是培养孩子自立,让他们靠自己的力量生活下去。但是,如果认为轻松的工作就是好工作,那么现在和将来会处于一种割裂的状态。孩子自己选择了这样的工作,那没有办法,但是我希望父母不要把自己的这种职业观灌输给孩子。

课间和学生谈论关于工作的话题时,我说如果自己能过上充实的生活,做什么工作都可以。但同时我也告诉学生,无论以什么样的职业为目标,为了胜任这份工作都要学习各种各样的知识。

如果想成为一名糕点师,除了学习做蛋糕以外,可能还要学习卫生、化学、设计等相关知识。如果想去国外进修必须学习外语，想开一家自己的蛋糕店要学习如何经营。"想一想自己的未来，从现在开始好好学习吧"，这些话不用说，小学生都能理解。

选择工作的时候，如果抱着**为社会做贡献**的想法，孩子首先想到的可能是医疗工作。这份工作不仅辛苦，而且有时性命攸关，但是对社会的贡献显著，容易获得充实感也是毋庸置疑的。除了像医生这样能直接为人提供帮助的职业以外，还有很多可以为社会做贡献的工作。

例如，街角的蛋糕店、花店等，这些店铺常年扎根在街区，是因为生活在这里的人们需要它们提供服务，这些店铺为了生活在这里的人们而存在。一家店铺想要长期经营下去，必须考虑商品的安全管理，追求视觉上的美感，并且要有合理的价格等，所有的这些行为都可以认为是服务于社会，也就是为社会做贡献。

说得极端一点，这个世界上没有不为社会做贡献的工作。无论从事什么工作，都能直接或间接地帮助到别人。任何工作正因为被人们需要，才有存在的意义。

上大学仅仅是为了就业吗

在日本，高中毕业后继续升入大学学习是理所当然的事情。但是在欧洲，学生取得大学入学资格后，暂停学业，以志愿者或实习生的身份在社会上工作几年，这种现象是非常普遍的。在社会上的这几年被称为休学年，这种休学年的思维和行为方式已经作为一种社会文化和习惯渗透到学生的日常生活中。另外步入社会工作三四年之后，感到有必要再进行学习从而踏入大学校门的例子也有很多。有了一定的社会经验后主动返回校园，这表明他们对学习的认识程度已经达到了很高的水平。

在日本现实情况是，很多学生没有明确的目标，随波逐流般地被推进了大学。"因为大家都去大学读书，所以我也是这样"，这种想法既体现不出个人的主观意志，也没有任何目标可言，即使升入大学也无法提高自己的幸福指数。

很多大学都在宣传学生参加就职活动时校方做了哪些工作，对学校的这种做法我感到有些难以理解。学生的求职活动一年比一年提前，大一、大二开始实习，刚上大四就开始应聘，过完暑假如果没有拿到企业录取通知书的学生就开始焦躁不安了。

在这样的就业现状下，我能理解很多老师对学生报考哪所大学给予指导时，会根据学生将来想从事的工作来选择大学。只是这样的话，大学生活就不再是我们想象中的那样，通过求学和参加各种活动来思考自己的人生和未来，而是仅仅为了毕业后能够顺利就职做好准备。现代社会出现这样的情况，对大学生而言是非常令人遗憾的。

到底为了什么而上大学？关于上大学的意义和大学毕业后的去向，父母和孩子找时间好好交流一下各自的想法也许情况会好一些。

具备忍耐力就可以将兴趣作为自己的职业

如果是中学生，自然先要根据自己的兴趣来选择工作。正如一句谚语所说："爱好生巧匠"，不喜欢是无法坚持做下去的，更不可能做好。

考虑到工作的整体情况，父母有责任告诉孩子，即使从事自己喜欢的工作也会遇到不喜欢的工作内容，**为了能够从事自己喜欢的工作必须付出相应的努力**。如果能在**付出努力又具备忍耐力**的前提下从事一份自己喜欢的工作，实在没有比这更令人高兴的事情了。

如果孩子说："想做××"，那么让他试着做一下也有好处。因为喜欢才想做，有的孩子实际做了以后发现自己真的很适合。相反，也有一些孩子做得不顺利，遇到了挫折并且感到苦恼，但在这个过程中也收获了成长，从而找到另外一条可行之路。人生大概就是这样的吧。

如果父母对孩子总是不放心的话，可能会劝孩子："不要说梦话了，还是选择一份踏实的工作吧。"但是，即使只是一个梦想，也**希望父母能守护孩子的梦想，支持他们朝着梦想的方向努力。**

不要因为种种担心就阻止孩子尝试，请父母表现出理智面对的姿态。每个人想做的事情以及认为有意义的事情都是不一样的，这也是理所当然的。在这一点上即使是父母和孩子，也都是不同性格的人，也必将拥有不同的人生。

如果孩子目前走在如父母所愿的人生道路上，可能暂时让人比较放心，但正因为是这样的孩子，以后可能会在重要问题上遇到挫折。将来做什么工作，选择结婚还是单身，要不要组建家庭，今后会不断地发生各种问题，总有一天会出现不能如父母所愿的情况。

孩子不能像父母期望的那样成长，当出现这种情况时，关键是父母要尽早意识到让孩子按照自己的想法成长本身就是错误的。为了让父母能够尽早意识到这一点，改变原来的想法，让孩子自由地成长，父母首先要改变自己的行为方式。

孩子的梦想是不是发自内心

父母需要注意的是，要仔细观察孩子的梦想是不是发自内心深处的渴望。作为父母有必要看清楚，孩子是不是因为一时冲动而选择了虚伪的梦想或者看起来比较轻松的事情，这些都不是真正的梦想。

比如，孩子说想进入演艺圈，那么就以演艺圈为例，作为成年人的父母应该告诉孩子演员实际上是一个多么辛苦的职业。可以问问孩子在这样的情况下，是否还要继续坚持原来的梦想，通过这种方式，了解孩子的真实想法。想到演艺之路充满的艰辛，相比较而言还是大部分人所选择的"学习 – 升学"这条路走起来更容易。这样解释一番后，如果孩子还是坚持"无论多么辛苦都想进演艺圈"，那么可能他真心想要实现这个梦想。

为孩子提供了解各种职业的机会

"2011 年进入美国小学读书的孩子，长大后将有 65% 的人从事目前不存在的职业"，这一大胆的预测发表在纽约时报上，引起了人们的广泛关注。随着国际化的发展和企业的技术革新，很多人已经开始从事我们小时候不存在的职业了。美国杜克大学经济学家的凯西·戴维森发表了一项研究成果，认为这种趋势在未来会加速发展。

但是，即使工作形态发生了改变，"工作 = 使周围的人变得轻松"的劳动价值观和伦理观并没有改变。正因为如此，在中学时代有必要让孩子接触各种各样的工作场景，启发他们思考"**工作是什么**"。父母和社会各方面应尽量**为孩子创造机会，让他们可以接触各种职业，向孩子展示真实的社会**。

虽然预测到现在的孩子将来可能从事目前不存在的职业，但是问他们将来想做什么的时候，没有孩子会回答目前自己不知道的职业。如果没有接触过各种各样的工作，也没有了解相关的职业常识，孩子就不可能找到自己想做的工作，因为他们无法想象不知道的工作是什么样子的。因此，我认为首先应该让孩子有各种各样的职业体验。

关于社会实践，可以利用社会上一些能够提供职业体验的机构和设施来进行。我听了一些中学生参加职业体验后的谈话，好像很多女孩子经常去幼儿园或者托儿所。我想在那里实习几天，就有机会看到不同职业的人进出托儿所。可能最初接触的是比较感兴趣的保育员这个职业，然后又看到了与之相关的各种各样的职业，也许又会产生新的兴趣。从这个角度来说，我认为职业体验是一个对了解社会非常有意义的经历。

新闻媒体对职业形象也会产生很大的影响。医生和律师这些职业被媒体极力赞扬，因此孩子也会认为这些职业好。还有一些孩子受电视剧、文学作品的影响，对这些职业产生了兴趣。我认为这些都是正常的，很多时候"我想成为××"的想法就是这样产生的。

我以前教过的一个学生，频繁地改变自己的梦想。他每次改变的时机基本与电视剧更新的时间相同。我问他："是不是受电视剧的影响？"果不其然，原来他的母亲看电视剧的时候总对他说："将来你也做××吧"，这句话给他带来了很大的影响。

孩子有时会按照妈妈的想法，从事妈妈期望的职业。虽然不能把父母的价值观强加给孩子，但我认为可以这么对孩子说："妈妈如果可以重新选择的话，我想做××工作。你不觉得这份工作很有意义吗？"如果孩子能在父母期待的职业中找到自己感兴趣的方向，那是最好不过的了。总之，为孩子提供一个思考将来从事职业的机会是很重要的。

☆采取各种方式为孩子提供了解职业的契机

电视节目中有时会播放介绍科研工作者以及活跃在各个行业第一线的劳动者的纪录片。建议父母和孩子一起看一看这样的节目，然后父母可以把自己的想法告诉孩子。如果是中学生，听了父母的意见后就会想"自己怎么认为呢""很有同感"或者"觉得他们说的不对"等，并开始形成自己的观点，由此可见这种对话会成为孩子思考各种职业的契机。

除此以外，还要让孩子明白只有坚持不懈的努力，才真正有价值，纪录片中的事例都是努力的成果。通过这样的节目可以让孩子认识到，无论选择什么工作都要坚持不懈地做下去，这份坚持才是最重要的。

对于家庭主妇来说，工作就是与家务、育儿相关的所有事情。为了家人的健康，妈妈要做饭、打扫房间、洗衣服、照顾孩子……看到妈妈为了家人努力工作的样子，即使这份工作不能直接获得收入，孩子也会发现妈妈工作的价值。

我认为无论什么形式，最重要的是要让孩子看到一个大人作为生活的主体，为了生活而努力奋斗的样子，这会激励孩子去想象，去创造自己的未来。

孩子只要努力，什么事情都可以成为将来从事的职业，为此他们能做的事情也有很多。我觉得重要的是父母应该从身边的小事做起，潜移默化地影响孩子，为孩子提供认真思考将来从事什么职业的契机。

在第一章中也提到过父母将自己的偶像告诉孩子，会对孩子描绘自己的未来产生影响，请各位父母一定要认识到这一点。

重要的是想成为什么样的人

孩子在被问及"长大想要成为什么样的人"的时候，回答"想要成为医生"还是回答"想要成为能帮助很多人，医术高明的医生"，二者之间有很大不同。

　　一个孩子能够说出："想成为一名律师，帮助有困难的人"，说明他的目的很明确。律师是"目标"，帮助有困难的人是"目的"，二者是不同的。**"目标"是自己的目标，"目的"是服务于社会的目的。**想成为什么样的医生，想成为什么样的律师，建议父母最好通过"什么样的"这部分内容来培养孩子，充实他们的心灵。

> 一点建议：
> - 让孩子有各种各样的体验，并告诉他们社会上有哪些职业。
> - 不强加于人，父母将自己的理想告诉孩子也很重要。

02_

不想让孩子长大的父母，不想长大的孩子

避免和孩子关系恶化的父母

　　作为补习班的老师，常有父母来请我帮忙："真拿孩子没办法，老师能不能提醒一下孩子。"本来应该是由父母对孩子讲的话，却拜托老师跟孩子说，这种情况我也能理解。但是，有时也会有一些父母根本没有意识到自己在回避，一味地拜托学校的老师、补习班的老师提醒孩子，这样做根本就是不合情理的。当问到他们为什么自己不跟孩子说的时候，他们回答："因为不想让孩子和自己的关系变得糟糕。"听到这样的回答，我惊讶得目瞪口呆。在第五章中也谈到了有些父母想和孩子成为好朋友，

建立朋友式的亲子关系。

在孩子面前父母有时会显得唠唠叨叨，但这才是父母的本色。过去很多孩子都想早点离开家，躲开父母的唠叨，过属于自己的独立生活。可是现在很多家庭对于孩子来说好像过于舒适了，"在家里很轻松""想一直生活在母亲身边"，这样想的孩子越来越多了。

父母也有讨好孩子的倾向。就像刚才提到的父母一样，不会对孩子说令人讨厌或者破坏亲子关系的话，对孩子总是小心翼翼，看起来总是和孩子保持一定的距离。

我感觉到在现代社会，即使是应该说的事情，如果说了会让对方不高兴，很多人就会选择不说，保持彼此之间良好的关系，这种做法在人与人的交往中很普遍。也许，父母本身就没有学习过如何在矛盾中处理人际关系吧。

当然，成年人之间的交往有时需要把真心话藏起来，将一切收起来。但是不应该把这些带到亲子关系中，父母和孩子之间不要像朋友之间那样以"不想破坏彼此的关系""不想被对方讨厌"为由回避现实问题，这一点需要注意。

也许有的父母小时候曾经被要求得过于严格，所以不想再那样要求自己的孩子。但是，我想这只是极其个别的例子。被严格教育长大的孩子，成人后大部分都能理解父母的苦心，并且认为那样才是父母应有的姿态，所以他们也会同样严格地教育自己的孩子。等孩子长大以后就会明白，小时候父母严格要求自己其实都是为了自己好。如果父母能想到这些，就会意识到现在**不应该一味地讨好孩子**。

想到什么就对孩子说

过去，父母如果不希望孩子做什么事情，马上就会对孩子说出来。

我认为，**为了建立更和谐的亲子关系，父母和孩子之间不要顾虑太多，有什么话都可以直接说出来。**

可能孩子到了朋友家发现别人家的父母和自己家的父母不一样。不一样就不一样吧，每个家庭父母的想法都不一样，这是理所当然的。别人家是什么情况我不了解，但我们家有我们家的规矩。**请明确地告诉孩子自己家里的规矩，充满自信地教育自己家的孩子。**

如果孩子反抗父母，亲子关系变得不融洽，那么这种不融洽的状态无论对父母来说，还是对孩子来说，都是学习成长的好机会，要借助这样的机会学习如何相互理解。正因为是血脉相通的父子、母子，才会一起经历欢笑、哭泣、互相怒吼等生活中最真实的片段，试着和孩子建立起更加深刻、更加亲密的亲子关系吧。

有时父母想说的话不表达出来，正是出于对孩子的极度重视，所以不希望在养育孩子这件事情上失败。这种强烈的想法导致父母很多时候三缄其口。但是，父母陪伴孩子长大的过程中应该知道怎样对孩子表达自己的想法。作为孩子的父母，请相信自己的直觉吧。长子、次子、男孩、女孩、开朗的孩子、老实的孩子、脆弱的孩子、积极的孩子、保守的孩子等，孩子的性格各式各样，相信父母都能有所体会。另外，父母跟孩子讲话时要根据他当时的精神状态，适当调整讲话的方式。比如，最好不要用过于严厉的方式讲话。我想只要用心观察，孩子的状态父母应该能够察觉到。

父母也有必要开阔自己的见闻。从邻居那里，从亲戚那里，从小说中，从电视中，从各种各样的地方学习。但是需要注意的是，一些家庭教育方法、技巧之类的书籍，很容易让人以为它介绍的方法就是正确的。在培养孩子方面，没有万能的、适合所有孩子的正确答案。虽然可以作为参考，但是不要生搬硬套，要结合自己家庭的情况、自己孩子的情况还有父母自身的性格特点,认真考虑好之后再付诸行动。

把应该做的事情做好

无论做什么事情,要想让孩子中途不放弃、坚持做到最后,父母需要有极大的耐心。

现在,学校的供餐发生了变化。过去,老师都会让学生把饭菜吃干净。即使开始打扫卫生,教室里扬起灰尘,老师也让学生最后都吃完。而现在,老师经常告诉学生:"如果吃不完的话,先分给小朋友一些。"

虽然让孩子预测一下自己能吃多少很重要,但是我认为有必要一点点地纠正孩子挑食的毛病,告诉他们要把分给自己的食物尽量都吃完,这种教育是非常必要的。如果在学校没有人告诉孩子这些,那么至少在家里要养成全部吃完、不要剩饭的好习惯。

实际上也有很多事情孩子努力了但是没有做到,在这种情况下也请对孩子的努力给予认可,告诉他"那个时候没有放弃,才走到了今天这一步""下次有这样的机会,再继续努力吧,一定能做到的"。如果父母能够这样耐心地鼓励孩子,即使多年以后孩子长大成人,无论做什么事情也都不会没做多久就放弃的。

让孩子看到父母认真做事的身影

☆有过认真投入地做好一件事的经历吗

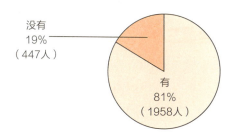

根据补习班的问卷调查结果显示，生活中有的孩子没有什么可以让他认真而投入地去做的事情，这让我感到非常震惊。本来我以为这样的孩子应该没有。中学生的生活有很多事情要做，社团活动、各种技能、应试学习等，这个时期正是不知不觉中对某些事情产生兴趣、埋头苦练、乐在其中的时候！

经济高速增长时期，让生活变得舒适是件好事。随着家电产品的不断普及，家务活确实越来越轻松了。这个时期大家都朝着"让生活变得舒适"的目标不懈努力，社会产业迅猛发展，经济高速增长，生活的舒适度与产业发展壮大的程度几乎是成正比的。

然而到了现代，便利的生活已经普及到了整个社会，生活中的各个领域都变得比以前轻松多了。孩子都觉得现在这样挺好，不知道接下来应该朝着什么方向发展，进而整个社会也面临着不知何去何从的迷茫。

在过去，大家都觉得让生活变得舒适是一件好事，所以为了实现这个目标拼命地工作。可是现在与过去不同了，人们没有明显感受到工作给社会生活带来哪些改变，这也是困扰人们的一个现实问题。过去制造业是社会的主体，它们生产出让生活变得舒适的产品，然而现在工作的人群中有多达一半的人从事的是服务业。如何享受生活，与之相关的旅游、娱乐以及游戏等都是极具发展性的领域。因为无法将自己的劳动与建设国家联系起来，所以孩子不知道应该努力做些什么，也不知道应该朝着什么方向努力。

因此无论与家长面谈还是在家长会上，我都建议：**如果想让孩子认真投入地做一件事情，那么父母应该让孩子看到自己认真做事的身影。**父母拼命努力地做事，取得成果后会沉浸在巨大的充实感中。相反，如果得不到预期的成果可能会感到懊悔与失落。无论哪种情况，孩子都会觉察到，并且他们看到父母的努力，自己也会意识到只有这样才能更好地生活下去。

大人虽然每天都很忙，但同时也在享受着这份忙碌的工作。不要总是跟孩子说自己很累，而是要告诉孩子自己从工作中获得的乐趣。等孩子上了中学以后，就可以深入地跟孩子谈一谈自己为什么会这么忙，有什么切身感受。

"已经做好了充分准备，明天这份书面请示一定会通过审议"，希望父亲能让孩子看到自己对工作充满热情、积极努力的样子。看到父亲认真工作的背影，孩子也会努力学习的。相反，如果父母不让孩子看到这一切，自己努力工作的积极态度就无法影响到孩子。

即使父母没有机会让孩子看到自己全力以赴做事的样子，也可以选取某一个事例进行教育，重要的是告诉孩子"**努力是多么棒的一件事情**"。比如父子在甲子园看到球员输了以后留下懊悔的眼泪时，孩子问："他们为什么会哭呢？"父亲说："你也能遇到这样的事情就好了。"这样的回答以及表现出来的态度是非常重要的。

不利于孩子自立的环境

在最近的新闻报道中，看到有很多离不开父母的孩子以及离不开孩子的父母，这让我感到很吃惊。"家长参加大学入学典礼和毕业典礼的比例上升""面向父母的就业研讨会""报社推出'为了不让我家孩子成为无业游民或就业难民'的特刊"等，都是很多年前想象不到的情况。

以前的孩子经常反抗父母，擅自离开父母独立生活，所以父母可能无法意识到孩子什么时候会从自己身边离开。如果父母意识到这一点，在孩子离开自己之前把想说的话都说出来，孩子就会觉得父母很烦，同样会任性地离开父母。可是看着孩子的脸色，什么事情都顺着孩子来，这样做也是不对的。

人的一生中最重要的自立时期是中学时代。上了初中以后，大部分事情都能自己做了。在这个时期如果不让孩子做自己能做的事情（不教他怎样做），家庭教育就会朝着娇生惯养的方向发展。孩子本来已经到了自己可以做事的年龄，就不要让孩子什么事情都依赖父母，让他们积极主动地学会自立吧。

失败的父母

失败的父母有两种类型，失败得恰到好处的父母与真正失败的父母。

让孩子觉得只要按照父母说的去做就没有问题，这样的父母我认为是真正失败的父母。不能让孩子觉得只要依赖父母就总有办法解决，这样的话他就不会用自己的大脑去思考判断了。

孩子有时候觉得："我的妈妈，有点靠不住"，这种看似失败的父母实际上失败得恰到好处。如果在某些方面让孩子觉得"这个人靠不住""即使按照这个人说的去做，也不会取得令人满意的结果"，他就会认识到："我必须自己想办法认真做好"。如果无论如何都不能成为称职的父母，那么请以失败得恰到好处的父母为目标吧。当然只要装成一副不懂的样子就可以。

父母不要做"倍感舒适的沙发"

听孩子辩解本身没什么不好，但是没有必要总听孩子辩解。听孩子讲话与对孩子百依百顺是两回事。听孩子讲话时，如果有不对的地方或者与父母的原则冲突的地方，要引导孩子说："那是不对的，妈妈（爸爸）是这么想的"，这是身为父母的责任。

现代社会中很多母亲想成为能够理解孩子的妈妈，在孩子面前不说让孩子感到厌烦的话，这样做是真心对孩子好吗？我对此存有疑问。这些想和孩子成为朋友的父母，就像一个软绵绵的、坐着舒适的沙发，而且还带着厚厚的靠垫。

过去的孩子不会详细地跟父母讲他们生活中的精彩，这是因为他们知道彼此的世界有太多的不同，父母是不会理解的。但是现在不知道是好事还是坏事，总之孩子所拥有的世界，很大一部分母亲都会与他共享，所以很多话题都能说到一起去。虽然父子（母子）两代人之间玩乐的世界和兴趣的世界是共通的，父母和孩子可以像朋友一样乐在其中，但是作为父母也要把必须对孩子讲的话不客气地说出来。被认为是爱唠叨的父母其实是最正常的父母，凡事不要顺着孩子，任其自由发展，不要做表面看起来通情达理的父母。

我年少的时候发现了自己想做的事情，就在我着手准备开始行动的时候，父母出现在我的面前，他们阻止了我。通过这件事，我切身地感受到了父母和自己在价值观上的差异。父母像一道巨大的障碍，为了跨越这道障碍，我想，一定要冲出这个家庭！

☆父母不要做"舒适的沙发"，而要做"让孩子跨越的障碍"

不去寻找自己的生存方式或生存价值的孩子，会错误地把父母的价值观和想法原封不动地照搬成自己的东西。他们没有自己的想法，就好像悠闲地坐在沙发上一样。**父母的存在只有像孩子必须跨越的障碍，孩子才会向着人生更大的目标发起挑战，才会作为一个独立的社会人茁壮地成长起来。**

> 一点建议：
>
> - 为了让孩子在应该做事的时候，做应该做的事情，并且把事情做完，父母需要具备极大的忍耐力。
> - 父母为了让孩子自立，选择适当的时候"离开孩子"很重要。
> - 父母要成为一道壁垒，让孩子从上面跨越过去！

03_
改变视角，亲子关系就会变得和谐美满

孩子自立和父母自立

在孩子上小学一二年级之前，父母在孩子的生活中起着绝对的主导作用，这是理所当然的。但是孩子到了四年级左右，开始逐渐走向自立。父母不应该只关心孩子的事情，也有必要为自己的人生做一些考虑。

如果父母在时间上比较充裕，而且又很担心孩子，那么可能会把自己的时间全部用在孩子身上。有的孩子并没有对父母管得太多表现出厌烦这是一件好事，但是有时会因为父母照顾得过于周到，而失去**自立的**

机会。

对孩子照顾过多的父母，首先请扪心自问一下，是不是自己的内心也依赖于孩子呢？自己是不是一个能够自立的人呢？

在此，我想告诉各位父母："你的人生主角是你，而不是孩子。"

请认识到有些事情是父母希望孩子自己去做的

即使孩子上了中学，我还是会听到有些母亲说"孩子问题集只做了几页，老师能不能帮忙想想办法呢"或者"问题3和问题5孩子好像不太明白"。这样的母亲需要注意，如果发现自己对孩子有过度干涉、过分热心的行为，希望能够意识到是因为你自己喜欢这样，所以才这么做的。**所有的这一切，都是父母自己的选择，然后让孩子按照自己的想法去做的。**

当孩子说"不想去补课班上课"的时候，请父母静下心来想一想，当初是孩子自己说"想去补课"才送他去补课班上课的呢，还是作为父母的你想让孩子补课才送他去补课班的。如果是后者，就不要反问孩子："为什么说这种话呢？"而是应该冷静地思考一下，孩子为什么会说出不想去补课班上课的话。

很多时候父母都想问："为什么我这么拼命地为你付出，你却不明白？""我的女儿（儿子）不知道学习，怎么办才好呢？"这时如果能够坦率地承认，很多事情是按照自己的想法让孩子去做的，就能理解孩子的心情了。"我想让女儿学习才送她去补课班上课的，她现在不想去上课我也没有办法。我该怎么做才能让她有学习的劲头呢？"这样考虑问题的话，愤怒的情绪就会平息，就会转换思维方式，积极地考虑解决问题的办法，也许就能想出好办法。

请父母明白，你不是接受谁的托付才开始养育孩子的，这件事情本身是你根据自己的意愿做出的决定。因此在这个过程中虽然可以借助外力，但是不能把养育孩子这件事情交给别人，最了解孩子的人是父母。怎样养育孩子没有正确的答案，正因为如此，各位父母才更要有自信培养好自己的孩子。"我的孩子，我来教育"，做好这样的思想准备就能够用心观察，看到孩子心灵的方向。看清方向以后，父母就可以收集相关的信息，创造适合孩子发展的环境，注重日常和孩子的沟通交流，尽全力为孩子的成长提供支持。请相信孩子本身具备自己前进的力量，作为父母只要在孩子身后轻轻推一下就可以了。

一点建议：

- 父母也要认真思考一下自己的人生。
- 父母要认识到自己的孩子应该由自己来教育。

附　录

让孩子充满动力的讲话方式以及失去动力的讲话方式

（根据佐鸣补习学校在籍学生调查结果显示）

＊充满动力的讲话方式

典型例句排序	其他例句	人数
1. 支持 "加油！"	我支持你！／一起加油！／下次努力！／努力还来得及！／期待你取得好成绩！	154
2. 认可和表扬 "真了不起！"	真聪明！／祝贺你！／真不愧是……／我知道你努力了。／很努力啊！／做得很好啊！／做得真棒！／这个状态很好！／比上次有进步！	99
3. 鼓励 "只要做就能做好！"	你能做好！／只要做不是能做好嘛！／只要努力就能做好，加油！／一定会顺利做好的！／真是一学就会的孩子！／绝对能做到！／让我看看你的毅力吧！	93
4. 奖励 "给你买点什么！"	考试取得好成绩，可以……／进前几名，给你买点什么。／得多少分以上，请你吃大餐。／完成后可以玩一会儿游戏。／努力的话也许会有好事哟！／排名进步的话增加零花钱哦！	89
5. 畅想未来 "努力是为了你的将来。"	这个样子，估计考不上高中哦。／现在不努力，将来够你受的。／为了将来，加油！／你是为了自己的将来学习的。／这是你自己的人生，不要后悔啊！／多为将来考虑一下吧。／不学习的人辛苦一辈子。／现在不做以后会后悔的。／努力不会背叛你。	88

(续)

典型例句排序	其他例句	人数
<少数意见>命令 "拿出劲头来！"	认真做！/让我看到你的志气！	
<少数意见>惩罚 "没收手机！"	我要没收你的手机了。/减少你的游戏时间。	
<少数意见>威胁 "这样下去很危险！"	不做可不好啊。/不能不做啊。/现在这样子不好啊。	
<少数意见>我行我素 什么也不说	（不讲话）什么也不说。/按照自己的做法去做。/按照自己的节奏去做。/按照自己喜欢的方式去做。/想做的时候再做就可以。	
<少数意见>家庭内部比较 "被弟弟超过了啊！"	姐姐的学习成绩多好啊！/我比你做得更好！	
<少数意见>不做也可以 "可以不学习。"	不光只有学习。/不用勉强自己。	
<少数意见>疑问 "不做吗？"	马上开始怎么样？/看看书不是更好吗？/不做可以吗？/已经学完了吗？	
<少数意见>和朋友比较 "要输给××了啊！"	××的分数很高。	

附　录
让孩子充满动力的讲话方式以及失去动力的讲话方式

＊失去动力的讲话方式

典型例句排序	其他例句	人数
1. 命令 "快去学习！"	快点学习！／快点做！／学习再认真一点！／再多学一会儿！／好好集中精力！／现在赶紧学习！	266
2. 否定性的语言 "真傻啊！"	傻子！／笨蛋！／这样不行！／你没希望了。／你做不好。／这都做不出来吗？成绩这么差，你打算怎么办呢？／反正是没救了。／为什么只考这么点分？／脑子笨！／成绩太差了！／这个成绩上不了高中。／哪所高中能要你呢？／就知道玩游戏，不学习！／精力不集中！／学习不努力！	176
3. 讽刺和疑问 "学习了吗？"	你在学习吗？／还没开始学习呀？／什么时候才能开始呢？／你有学习的劲头吗？／休息的时间是不是太长了？／今天不学习吗？／不学习能行吗？／就能学这么一会儿呀！	71
4. 与别人比较 "××学得那么好，你却……"	××学习更努力哦！／××考的分数那么高，你也抓紧学吧！／我听说××一直都在学习。／××学习比你更努力。／其他人都怎么样啊？／哥哥考了××分，你却……／向姐姐学习吧！／你被大家超过了啊！／大家都在努力学习。	46
5. 放弃 "别学了！"	那样的话就别学了！／反正也没有学习的劲头。／以后不用去补课了！／这辈子都别学习了！	24
6. 惩罚 "没收游戏机！"	禁止玩游戏！／以后不给你零花钱了！／没收漫画书！	15

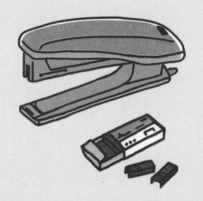